U0163990

心路歷程

謝炳南回憶錄

謝炳南 著

自序

自八十九年十月退休，曾想撰寫回憶錄，但一直猶豫未定，稽遲轉瞬已逾九年歲月，迄今才決定以《心路歷程——謝炳南回憶錄》啓筆，這是我人生過程寫照，以家族源流、求學經過、服務公職、退休生活，四個單元爲架構，依時間先後，事程本末。用愚拙的筆調，翔實無虛，素顏無華的記載，既未隱惡揚善，亦不褒己貶人，以平凡、平庸、平實的敘述，所談人、時、地、物，皆信而有徵，經得起考證，爲搜集資料、翻箱倒篋，歷時兩月有餘，方完成初稿。

余生於民國二十一年後，屬於二年級生，自幼生長在貧窮困窘的家庭，父母忙碌終日，僅可溫飽，免於凍餓而已，從孩提至十五歲，處於渾沌時期，僅能耕田犁地、挑肥擔糞、撿柴掘草、拾穗挖花生、刣妛薯、牽罟等，賺些零錢補貼家用。在日本統治八年，都在失學無助過活，是個不愉快的童年。

從十五至三十歲，由小學、初中、高中、大學畢業，經古寧頭戰役、九三砲戰、八二三砲戰，到單打雙不打，三十年間兵燹戰亂，中學六年，曾寄食親戚家，更迭達六次之多，其間亦曾在學校搭伙、自炊等苦楚，實不堪回首話當年，幸在慈母的含辛茹苦，自身的刻苦儉樸而完成。

五十年代以後，投入公職服務，歷經軍（預備軍官少尉）、教師、行政、黨務、教育、校長、黨務、中央民意代表、省府委員、政務官等垂四十年。過程尚稱遂順，惟在極短時間，因時運不濟，不受長官關愛，受點委曲挫折，辭職轉任黨職，自忖此處不留人，自有留人處，留得青山在，不怕無柴燒。天生我才必有用，黃金散盡還復來，天公疼憨人，後來證實，塞翁失馬，焉知非福。凡事只要問心無愧，自然心安理得，在中央民代期間，以加強服務爲圭臬、常懷民之所欲，常在我心，做好人、做好事，必獲致好的結果。

九十年代，退休以後，怡然自由自在的生活，享受天天星期天，日日週休日，還有比此更愜意嗎？黨國大老張羣字岳軍說：「人生七十才開始」。孔老夫子言：「七十從心所欲不踰矩」。知足常樂，笑口常開，手足常動，書報常閱，俗諺：

「人家騎馬我騎驢，自比別人我不如，後面尚有推車漢，比上不足下有餘」。又云：「屢次修書爲著牆，讓人三尺又何妨，萬里長城今猶在，不見當年秦始王」。這二則寓言，是勸勉吾人，事事不必計較，人人心存感念。

心路歷程——回憶錄，是本流水式的記述文，內容有的取六十年前之人、事、地、物。記憶都很清楚，不顧文筆譾陋，遑論修詞潤飾，匆匆就道。在這再次感謝父母養育，師長教誨，長官提攜，荊內五十四年來，無怨無尤無悔的付出，備極辛苦，使我專心於公職服務，無後顧之憂，更感謝父老鄉親之關愛支持，並爲兒女孫輩，將來爲人做事之依據，冀能承先啓後，發揚光大。由於時間倉促付梓，謬誤之處難免，敬祈諸先進仁人君子教正。

謝炳南 謹識

民國九十八年十一月

歲次乙丑年陽月吉旦

目錄

第貳章　我的求學　艱辛經過／29

第叁章 服務公職 心路歷程／73

【第壹章】

謝氏宗族 淵源世系

料羅謝氏源流

謝氏世源，爲炎帝神農氏姜氏後裔，申伯公，是我謝氏共尊的始祖，也是謝氏受姓始祖，申伯公與唐虞時四嶽的關係，當時太師尹吉甫讚美申伯，申伯是周朝的申國之王，申國是唐虞時擔任「四嶽」著有功績的伯夷所傳。「四嶽」乃古代一種官職，天子巡狩四方，就在四嶽朝見諸侯，四嶽的職掌，是總領四嶽諸侯，以祀奉嶽神。

開基祖徙錢沙

開基始祖允文，允德公，約在五百一十年前，係於明朝孝宗朱祐樘、弘治八年（西元一四九二年），從福建省興化府莆田縣仙遊經泉州府晉江縣洋尾（揚美）遷徙來浯，分支鎮東，即今料羅，原隸屬泉州府同安縣綏德鄉翔風里十八都，滄湖保、錢沙鄉（金門民國四年建縣，今爲金門縣金湖鎮料羅里），開基祖是做竹蒸籠師傅，到了新環境，仍以技藝謀生，當時卜居開業之舊地，現爲宗祠位置。

受姓始祖世系

受姓始祖，周王舅申伯公，南遷會稽祖，晉國子祭酒衡公。三世祖，晉太傅文靖公安公。四世祖，晉車騎將軍獻武公玄公。開基祖，允文公、允德公。世系衍派，長房。五家。下房。東房。郡號陳留（現河南省唐河縣）。堂（燈）號寶樹。昭穆（輩序）：國、邦、昭、明。敦、禮、毓、英。哲、信、厚、實。咨、爾、多、脈。從十世到二十五世。作者爲長房，「信」輩，十九世裔孫。

春秋二祭禮典

本族祭祀，每年春秋祭典各一次，春祭為農曆三月初一日，秋季為農曆冬至日，春祭由新婚者，耆老（俗稱做老大頭）秋季由各家戶丁數輪值，祭典日置三牲五牲，生豬羊、菜碗、香菸、花粉、佳餚、紅粿、金帛、香楮等，輪值者另備米飯、菜湯、米粉、鹹魚豆腐與祭，由鄉老、輪值者上香，晚間在祠堂內（祖厝）舉行餐會（吃頭）。餐畢各取紅粿乙顆回家。俎豆馨香，慎終追遠，千秋永續，萬世不渝。

祖祠肇建修葺

祖祠肇建於清光緒二年，西元一八七六年，歲次丙子，祠中左對聯有「丙子起蓋」字。宗祠格局方正，門廳和正廳之間，以櫸頭銜接，前進門廳門開一通，東西兩邊門，沒有子午窗，爲一燕尾式石坂，磚牆杉木構造，正廳前堂懸匾「寶樹堂」，堂內另有「拔元」、文魁二匾，前者爲清同治癸酉科海澄縣貢生第一名謝元英所立，後者係清光緒丁酉科鄉試中式第四十五名謝觀瀾敬立。及民國六十二年十九世裔孫國民大會代表謝炳南之匾「源遠流長」乙方，民國六十七年時任副總統謝東閔先生贈匾乙方，耑題「祖德流芳」。

修葺，民國八年，西元一九一九年，歲次己未，重修。民國六十一年，西元一九七二年，歲次壬子，農曆十月初鳩工，閱二月完竣，於民國六十七年，西元一九七八年，歲次戊午，農曆十一月初九，初十日奠安。

家屋興建行業

我家屋係於清同治十二年，西元一八七三年，歲次癸酉，為先祖父英泰公所建，座落現料羅里五十八號，為一圓脊馬背式，用石坂、磚牆、杉木、圓柱、豎桷、瓦頂、壹落四櫸頭、大九架，兩大房一大廳。深天井、兩櫸頭、兩尾櫸（兩灶房）古式大厝。民國六十七年重修，耗資新台幣貳拾伍萬餘元，與胞弟共同出資。同年利年十月奠安祈福。雖是古厝，但保有閩南式風貌尤兼具傳承，意義殊非尋常。

先曾祖父毓御公，從事農耕及漁售，自給自足，安貧樂道。先祖父英泰公，年壯時曾赴印尼勿里洞謀生，稍有積蓄，家道小康，回國後建屋創業，開設「魚行」，兼售「釣曹」大桅帆船魚貨，供應魚船日常用品，柴、米、油、鹽、蔬菜等。

父母婚配情深

父親哲成公，原姓洪民前十二年，歲次庚子年三月十九日生，原籍金湖西洪社（現榕園）人，幼失怙恃，前往新頭社表親寄養，協助農漁耕作，自食其力，二十五歲與母親結褵，招贅入門後，耕種幾畝薄田，兼牽罟及操作近海漁撈，有時幫人肩挑魚貨赴金城（後浦）給魚攤販售，賺點工資勞務，據母親云：挑一擔魚貨去後浦，重量約六十至八十斤，去回六公里，僅得工資八角錢，辛苦可想而知，不得已於民國二十五年，向舅父借貸川資，遠赴新加坡謀生，離妻別子，事非得已，初時有僑匯，稍解家計困境，但好景不長。七七事變，民國二十六年十月，金門淪入日本統治，僑匯中斷，頓失依賴，斯時我兄弟尚幼，家計獨賴家母支撐，困窘可想而知。

母親閨名允治，生於民國前七年，歲次乙巳，農曆六月初八日生，乃同料羅村陳曜之長女，自幼抱給先祖父英泰公爲童養媳，小時聰穎溫恭，端莊賢淑，善體人意，及笄民國十二年，時年二十歲，招贅與西洪社父親哲成公結褵，夫妻恩愛、鶼鰈情深，迎事祖母，肅禮儀晨昏之節，無違夫婿，撫育我兄弟，爲賢母寒暖之問，與叔母和睦，親操家計，主持中饋，守素安祥，樂善好施，胸懷慈悲，勤儉持家，鄰閭稱譽，親朋道賢。

母親幼時聰明伶俐，記性甚佳，早時叔父入塾讀書，家中藏書甚豐，耳濡目染，雖未入庠，竟能目識文字，惟無法書寫，如厝內門聯、橫楣，乃能唸誦「安燕吉羊」，「龍飛鳳舞」、「福祿壽三星拱照」、「天地人一氣同春」等，又能朗誦歌詞，唱歌仔本「梁山伯祝英台」、「陳三五娘」、「雪梅思君」七字調等歌本，故鄰居阿嬸、阿婆、阿姆、阿嬸及年輕姊妹們，都樂意聽她唸唱，皆以「允治姑」稱之，把她視爲謝家姑娘，不以謝家媳婦稱之，如成嫂成嬸稱呼，母親既未入學，又不識字，竟能唸唱如儀而不錯誤，豈非奇哉？怪歟？

日據時代家貧

民國二十六年十月金門淪陷前，母親原打算攜我兄弟經逃往大嶝同安，轉往南洋依父生活，後因川資難籌乃寢，自此日據時代，母親以母兼父職，獨負家計，上有祖母下有幼兒二，躬耕薄田，從犁田、種植、起股、除草、施肥、挑糞、擔水肥等由孱弱母親獨撐，我兄弟僅能從旁學習協助，三餐以蕃籤仔、蕃薯簽、蕃脯爲食，時有蛀蟲侵襲穀類，難以下嚥，她僅喝湯碎簽，蕃薯頭留給我們吃，勞累終年，尚需購入什糧充補，想起當初，確實心酸。

我的出生過程

民國二十一年，歲次壬申，農曆九月二十九日，我生於料羅故宅東大房，姓謝也姓洪，俗云：洪骨謝皮。身分證記載，民國二十三年、十二月五日皆係錯誤，原名丙南，取自南方「丙」丁火，後變為炳南，多加火字旁，使我做事心急，個性使然，乳名「罕仔」或「漢仔」，出生時以「貴氣」受寵，才十日內，將我左耳穿過鑽洞、戴耳環，至八歲時才自然消失，把我當女孩子看待，母親抱我過瑞草叔公巷只有二三步，且須頭上蓋花帕，作為避邪之措，蓋我有一長兄週歲則夭折之故耳？幼時很乖巧，深得祖母父母親姑母等寵愛，五、六歲時，家人抱我認字，如家中門聯楣「集福凝祥」、「國恩家慶」、「安燕吉羊」、「龍飛鳳舞」、「吉星高照平安宅」、「福曜常臨積善家」、「東魯雅言詩書執禮」、「西京明昭孝弟力田」，不久大人問問，皆能對答，過目不忘，記性特佳，迄今尙是如是，乃本性使然否？

家鄉聚落位置

金門原隸泉州府同安縣綏德鄉，翔風里（金門民國四年建縣）料羅原名錢沙鄉，屬十八都，滄湖保錢沙鄉，今為金湖鎮料羅里，居民一百六十餘戶，含（八十三年建的料羅新村），村四鄰，北為新頭里中隔白龍潭（溪），東與蓮庵里庵邊西村為鄰，南瀕南石滬煙礅頂，西臨料羅灣沙灘，西元一六六一年鄭成功率領二萬五千大軍，四百艘戰船，由此出發，登陸台南鹿兒門、趕走荷蘭，收復台灣。

漁村多姓人家

料羅為金湖鎮轄區，位於浯島之東南海隅，村莊距海岸僅數十公尺，前臨碧海綠波大海，耳聽有節奏的濤聲，潔白綿延數里的沙灘，左自嶼尾頭起，右從新頭、尚義、后湖，以至珠山是有名的「料羅灣」，我從小生活在這靠山吃山，靠海吃海的村莊。自幼家境貧寒，僅靠幾畝旱田，勉強維生，家中又無任何副業，只有參與牽罟，賺些零錢，補貼家用。吾村有百戶人家，是個多姓聚居的村落，以謝、呂、吳氏族較多，其餘如陳、黃、楊、王、許、李等，均能和睦共處，包容相助，並不排斥，且相互通婚，據我所知，自民國年代迄今已有三十餘對婚配，不只鄰居，又是姻親，親上加親，自是全村和祥，大家和氣。

由於瀕海，加以長輩沿襲，一年四季，都以討海為生，春季以近海下烏網，討青鱗，釣吧哴魚，夏季以牽罟（其實牽網四季皆可全年無休），算網，秋季以討

絲網放滾，冬季以拖蟹、撈螃蟹、釣黃魚、鰻魚、鮸魚、馬加魚等，我家無青壯男丁（父親叔父均往南洋），亦無力參與股份、造船、置網及使用工具，只是當小伙記，賺些小錢，補貼家用。

我十一歲，就參與牽罟，民國三十一年七月二十七日凌晨，我往常參加牽罟行列，記得當時滿天星斗，小船搖往新頭海邊，我沿水邊隨行，欲拾索頭，至料羅與新頭交界處，中有一白龍溪，初行水淺涉過，至中有一暗坑水溝，不慎跌倒，被溪水沖入海中，一時心慌意亂，駭怕至極，喉嚨沙啞又喊不出聲音，雖足不著地，但未下沉，年僅十餘歲，又不會游泳，竟未滅頂，幸宗兄再團及時趕到，見我載浮載沉，忙中和衣下海攔腰抱起，平安脫險，蒙皇天神明祖先庇佑，大難不死，只是滿身盡濕，冷得發抖，都居黃森樹叔裹以外衣取暖，仍打顫不已，慶幸平安無事，當天下午，母親送點心來，知道這件事，母子倆抱頭大哭一場，迄今想起，尚有餘悸，深感冥冥中似乎別有主宰，另有一次，因扛網不慎，後仰跌傷，致左手肘脫臼，在幼小心靈中記憶特別深刻，因家貧帶給我童年的坎坷命運，好像亦特別多。

外海算網暈船

民國三十八年暑假，爲增加收入，參入村中謝繼成叔公之算網組，由耆老呂俊騫，子呂福氣掌櫓，另組呂開文由謝媽映曾伯公掌理，兩老都深諳水文及海底礁石所在。在外海南石滬與庵邊小笞海灣間，有時遠至北碇周邊的小門歸，每組有兩隻小舟，利用傍晚時分，約下午三四點鐘，出海捕鰮魚，由於外海風強浪高，而我不曾參與海上作業，上船不久，則頭昏目眩，嘔吐不已，先吐粥食，後吐胃液膽囊，所謂青紅液汁，至爲痛苦，爲求賺得份內工資，只好硬撐，日復日出海，後來國軍李良榮兵團進駐，有紫誠紫建及空降部隊，在煙墩頂駐防，爲免晚間誤射，派我前往協調說明，才免上船，仍分得一份。解除了傷痛。冥冥中天助必有人助，人生就是如此。

順濟宮奉媽祖

本村入口處，有一座雙座落和中亭順濟宮，祀媽祖娘娘，天上聖母，宮中奉有聖祖媽（媽祖林默娘母親），大媽（大姊）二媽（二姊）、千里眼、順風耳、東廂祀水仙王、西廂註生娘娘，香火鼎盛，據說：宮建於元朝，蓋很多鄉鎮皆以「天后宮」稱之，惟料羅稱「順濟宮」，證明年代久遠，每年農曆三月二十三日，為媽祖誕辰生日，自十九日起至二十三日止，連續五日，延請道士誦經醮會，並請自台灣的戲劇團隊公演，以示慶祝，祈求風調雨順、國泰民安，合境順遂平安，五鄉八保香客，善男信女，來宮膜拜，絡繹於途。依例廿二日晚間「送天公」玉皇大帝，返回天庭，村內信眾，男女老小皆人手三炷香，跪地虔誠祝福闔家平安，其間諸王爺輦座穿梭，乩童舞劍採旗，並施放沖天炮。熱鬧非凡。翌日三月二十三日，中午十二時，舉行「出社」媽祖鑾駕遶境大典，首由乩身起乩，捐輦採輦，繼由媽祖娘娘領銜，偕聖祖媽八座大媽二媽，大王爺（姓蘇），二王爺（姓讐），三王爺（姓蔡），四王爺（姓李），開府千歲、六姓府、三魚王，依序遶境，前有旗牌「奉旨勅封天上聖母」，背書「肅靜」「迴避」旗牌，龍虎旌旗，及數十面三角大旗幟，遮陽傘、鑼鼓陣、乩身、道士（法師）等遶境村外沿四周，鎮五方畢，再繞內六處（含料羅新村吃三牲粿），需時計約三小時，返回宮中，傍晚即大開筵席，各家戶，親朋好友，車水馬龍，熱鬧非凡。至午夜劇終人散，翌日恢復往日寧靜。

村東面，尚有「代天巡狩」宮，俗稱王爺宮，祀蘇王爺、讐王爺、蔡王爺、李王爺、開王爺、六姓府及三魚王宮，每年正月初九日，作平安清醮，另依諸王爺誕辰日輪流作醮一、二天，以示公平，法益均霑。

村民藝鑼鼓唱

料羅村莊鑼鼓唱的緣起，係因供奉媽祖，昔日每逢三月二十三日媽祖誕辰，村民信徒提前駕舟，載著主事大老信士，前往媽祖出生地莆田縣湄州島「請火」，在舟楫中，旌旗飄揚，鑼鼓喧天，以助熱鬧氣氛，於迎回媽祖聖火後，有心人士，乃取自閩劇高甲戲調，從台上搬到台下，清唱配以鑼鼓合音而成，不必像戲班須有固定舞台，器具服飾之配置，在停止和進行間，皆可演唱，不受時空之限制，加以長輩之熱心倡導，「鑼鼓唱」遂成了金門全島註冊商標，別無他號，名聞遐邇，曾赴廈門演唱，獲致喝采與好評。一組鑼鼓唱爲六人，分司六種樂器，計有大鼓、小鼓、大鑼、小鑼、大鈸、小鈸，民國三十五年春，村中組成兩陣，其一爲謝氏，筆者司大鼓，謝水溪司小鼓，謝水吉司大鑼，謝經歷司小鑼，陳連瑞司大鈸，胞弟謝炳仁司小鈸，由族長叔伯輩謝清海、謝紅記、謝石豬等教唱，利用晚上農閒課餘時練唱，先習基本打法和音節奏，俟各種樂器配合純熟後，再勤唸歌詞三字調七字調，學會一首，再學第二首……三首，「將水令」、「玉交」各三首，便可出師應景。

六種樂器聲音，大鼓音「咚咚」，小鼓音「達達」，大鑼音「看看」（閩南語音），小鑼音「叮叮」，大鈸音「錢錢」，小鈸音「簽簽」，六種音符以配合韻律，以「錢簽看」，或「錢簽錢簽錢簽看」。及「看」音時生變化，反覆敲打，甚為好聽，在純為打敲時，以大鑼為主導，視其變動合音，而在唱起休止，即以小鼓為主導，起音或停止，一齊起落一齊停，如多打一下，或小打一通則有瑕疵或錯誤，不可不慎。

三月廿三日晌午，媽祖鑾駕遶境，媽祖鑾座，王爺乘輦，皆以四壯男扛抬互動，鑼鼓唱，各以刺繡綠緞圍繞點綴，以增美觀，出場先期熱身，在廟口演唱，引來群眾圍觀，看這些小蘿蔔頭，大顯身手，唱得渾身使勁，再配以大人們的小嗩吶、笛、二胡合音，更是鼓聲、樂聲、唱聲，遠近聽之，繞樑三日，使媽祖出巡，更添聲色，在村五處停留排香案，三、五牲佳饌金帛，再予演唱一～二曲，以娛人神，歷時約三小時回廟方歇。

鑼鼓唱的歌詞

雖經過六十餘年的歲月，我昔日演唱鑼鼓唱詞，尚可記得，茲錄其數首，以就教讀者，惟以閩南話發音，不求工整。

——「余白馬」——余白馬，白馬金鞍白盔甲。左帶弓弦左帶弓弦右帶箭。久年無戰盔甲蒙塵埃，兩旁刀裂，又帶遷，移步行到大堂上，只見夫人，只見夫人雙眼淚淋漓，我雙手，雙手酌杯全獻酒，奉送相公，奉送老爺且飲一杯酒，我雙手，雙手接杯全獻酒，禱告蒼天，禱告蒼天做證見。

——「余難捨」——余難捨，難捨夫妻阨折分離。連有子兒，連有子兒故誰相養飼。我聽說，聽說這話暗傷悲。恰是銅刀，恰是利刀割我心。夫人聽我說起理，一對男女，一對男女爲我相養飼，妳是我家大恩義，九泉地下，九泉地下不敢忘恩義，叫聲三軍踩戰馬，攀咱打程，腳踏馬頂上了自戰馬。

——「佘繡房」——佘繡房，繡房來了胡姑娘，身穿鎧甲，身穿鎧甲男兒志，移步行到大堂上，只見嫂嫂，只見嫂嫂雙眼淚淋漓。咱姑娘，姑娘聽我說起理。你哥保駕，你哥保駕王河羅，令妳出馬不得延遲，得勝回來，有功回來便有封賞。我拜過，拜過嫂嫂爬起。跟隨我哥，跟隨我哥不敢放身離，叫聲三軍踩戰馬，攀咱打程，威風凜凜上了自戰馬。

——「看見」——看見，看見，相公出馬去，相公出馬去，娶我心內，娶我心內暗傷悲。終身回轉大堂上，大堂上，等待老爺前來報消息，等待老爺前來報消息。

——「山花」——山花，山花，開透清香，開透清香味，娶我心內，娶我心內暗歡喜，叫聲丫嬛聽吩咐，隨我花園，隨我花園去看花。

——「看見」——看見，看見，群雁飛過，群雁飛過去，娶我心內，娶我心內暗歡喜，叫聲丫嬛帶弓來，隨我上山去打獵，給我開弓去射它。

料羅的鑼鼓唱，已有九十餘年歷史，早期叔伯們曾大力提倡，熱心參與，二十餘年代曾到金門縣城及廈門獻唱，贏得獎賞，民國卅八年十二月，古寧頭大捷後，

我們同僚在金東民政處向處長王學曾，在山外村中正堂第十八軍駐地，向軍長高魁元將軍獻唱，曾獲當面嘉獎及獎金。轟動一時，後因就學就業而散佚，現在僅能打、不能唱，尚有柏村國小利用課餘時間，偶然練習，因乏人指導，無法登場，僅於三月廿三日媽祖生日時前來應景而已。

鬧洞房扮姑娘

曩昔農村過著「日出而作，日沒而息」，枯燥單調的生活，除偶有廟會外，幾無娛樂可言，尤以兵燹頻仍，民國二十六年，日本侵華，金門淪陷日寇統治八年，繼而三十八年古寧頭戰役，宵禁燈火管制措施，夜間只能閉戶不出，遑論有什麼娛樂活動，只有村中鄰里婚姻喜慶，以鬧洞房，喜弄新入門新娘，說些吉利話，或諷刺葷素相關笑話，早期叔伯輩們有「拍花草」、「花鼓弄」，到我們這輩時即以擯繡球娛新婚夫婦及親朋好友，以應通叔持球桿，我和水吉男扮女裝，扮接球姑娘，胞弟扮媒婆，把新娘嫁妝新衣裳拿來穿，略施脂粉，倒也美貌動人，舉球左右撥，姑娘兩邊彎腰弄姿，迷眼盼耶，且以唸歌詞，配合節奏，一連三天，新夫婦及其家長，尚須笑臉迎人，不可拒絕，觀眾也樂得哈哈大笑，中間插有士紳之嘉言應對，如：「良緣締結振家聲，新娘美貌如觀音，乾坤配合天地久，夫妻恩愛情義深」。「握手初行平等禮，同心合唱自由歌」、「尫青春某青春，捧茶來請夫君，見君笑見君叹，乾家好早抱孫」。博得新婚夫婦及乾家官歡笑高興，至更深人靜方散。

兒時當雜役工

我三十年代，當起農夫，從犁田、鬆（搭）園、起股、種地瓜荽薯、大小麥、種腐豆豌豆等，掘園邊，除草，又下海牽罟，拾荽薯，刦土豆，上山有農家大戶，犁（荽薯）撥花生，遺留田中之少許戰利品，目視、腳踢、手撿，每可一半交籃豐碩而歸。稍長，遠到五里埔（西村舊飛場）右側，西洪、鴛厝山把柴，或在村內後壁山拾枯樹枝，充當薪火，雖然辛苦，但毫無怨言，亦是孩童時代一樂也。

我宗世系衍派

我們謝氏家族，自開基祖允文公、允德公昆仲，來浯落腳錢沙鄉（料羅），繁衍以來，依昭穆輩序，「國、邦、昭、明。敦、禮、毓、英。哲、信、厚、實。咨、爾、多、脈」，世系衍派，分爲長房、五家、下房、東房，我家屬長房，世居料羅西面入口處，分祧建屋立家，其間有共有祖公厝，爲同宗祭祀之所，神主牌位已年代久遠，書寫字跡模糊，不易辨清，僅憑置我家中廳堂，自先曾祖父毓御公起，毓至實輩，已有六代，謹列世系家族如左：

曾祖父毓御公，曾祖母張氏。祖父英泰公、祖母陳氏、李氏民國四十五年九月十日去世。伯父金藩（殤）。父親哲成公，母親陳氏允治。叔父再添公，叔母呂氏錦治。大姑母玉枝，姑丈蔡其略。二姑母碧賢，姑丈蔡朝祥。三姑母養塘，姑丈陳念格。長兄聯芳（夭）。炳南，妻吳舜。弟炳仁（民國九十五年五月歿）。弟婦陳麗嬌（民國六十年五月歿）。弟婦呂能巧。姐秀英（民國九十二年三月歿）。姐夫鄭宋。堂姐配，堂姐夫單榮耀，堂妹珠蓮，堂妹夫張鴻喜。

長子志文，媳陳淑清。次子志斌。長女玲玲，婿鄧方（方係單名）。次女琤琤，婿王引禹。三女玫琪，婿吳俊儀。四女琬瑜。五女珮琳。長孫家榮。外孫王承啓、王承智、吳易軒，外孫女鄧穎如、吳函耘。

長侄志敏，侄媳錢哲慧。次侄志軒，次侄媳周以琪。長姪女惠女，長姪女婿李惠強。次姪女惠婷、次姪女婿楊文璽。三姪女惠姿，三姪女婿陳永義。四姪女惠婉，四姪女婿吳再福，五姪女惠娟，五姪女婿陳康平。六姪女惠芬、六姪女婿陳志奇。

侄孫女沄錚。于晴。

外侄孫李冠賢、楊子衡、陳彥霖、陳冠霖、吳偉晟、陳政宏。外姪孫女李冠萱、楊家琪、陳芷霖、陳紫寧、陳彥蓁、陳彥菱。

父母先後仙逝

先君於民國六十九年三月廿五日棄養，享壽八十有二齡。遵禮成服，停柩在堂，四月初六日延聘道士辦理法會，誦經拜懺，初七出殯，蒙時任總統蔣經國先生，頒題「光前裕後」輓額，副總統謝東閔先生頒題「碩德長昭」輓額，中央五院院長副院長，國大代表、立法委員、監察委員、各部會首長均致送輓幛，金門各界首長蒞臨公祭，鄉親戚友參祭弔唁，備極哀榮。

先慈於民國八十六年三月初二日仙逝，享壽九十有四齡，三月十二日誦經拜懺，十三日殯葬，總統李登輝頒題「懿德流徽」輓額，副總統連戰先生頒題「母儀足式」輓額，中央五院院長副院長、國大代表、立、監委員、各部會首長、福建省政府吳金贊主席，金門黨、政、軍各界首長蒞臨公祭，福壽全歸，歿榮存感。

【第貳章】

我的求學　艱辛經過

私塾讀一年半

余生不逢時，孩童適齡入學時期，適逢日寇侵華，金門淪陷為日本統治，施行奴化教育，無緣上學受教，直到民國三十二年，村中設有私塾，聘請榜林村楊忠乾塾師啓蒙老師施教。母親雖未受教育，又不識字，但對教育至為重視，乃排除萬難供我入學，私塾設於謝氏祠堂，開學當天，自備書桌椅子，並備雞蛋麵線，香燭金帛，拜敬祠中「文昌帝君」、孔子，祈求順利平安，讀書聰明領悟，學有所成，且在「文昌帝君」前讓滾紅蛋，正直不歪，討個吉利，楊師為人忠厚，態度和藹可親，身著粗布長衫，每月初奉致束修，每月輪值一星期，共俸膳食，一日三餐，下午兼備點心。以示尊師重道之儀。楊師每日授課，先從「三字經」、「千字文」、「朱子治家格言」、「幼學瓊林」、「尺牘」等，每授一課，朗誦，默唸嫻熟後，再請老師教授新課程，一年後余已會為鄰居回批信，尤以父母親大人尊前，

（膝下），敬稟者，到叩請金安（福安）信尾的稱呼，已滾瓜爛熟。自祖父母、父母、伯叔、姑姨、兄弟、姊妹、表親等，稱謂用詞遣字皆有所分別，不得踰越失禮，但楊師僅教授一年，改聘溪邊鄭榮禹師續授半年而止，私塾亦因故停辦。私塾只讀一年半。

小學肄業四年

民國三十四年秋，日本投降，金門光復，十月設立料羅國民小學，我是大大的超齡小學生，十四歲才從小學二年級上學期讀起，因不是一年級，所以老師未教國語注音符號。「ㄅ、ㄆ、ㄇ、ㄈ、ㄉ、ㄊ、ㄋ、ㄌ」。加以我一年半的私塾底，讀閩南語音，俗稱「本地話」，導致我發音不準，大米滲地瓜，糯米泡荾粉，有時貽笑大方，聽攏嘸，被同學們取笑，自慚不已。一年後王邦在校長和孫仲融師返回大嶝，改由後浦北門里，沈幽塵（後改名沈清地）任校長，及師母王玉霖，曾任職金門衛生院護士，亦僅一年。民國三十六年七月，料羅國民小學，不知何故，竟然廢校停辦。不得已改讀私立蓮滄國民小學四年級，由惠安縣普兜呂邦禎先生私自出資辦校，並兼任校長，並有黃達生、呂良體、孫碧珍師，每日須步行二公里，風雨無阻，中午在姨母家搭伙，冬天寒風刺骨，夏天浩暑悶熱，爲求學計，飽受辛苦與煎熬。三十七年秋季，老師由新聘謝守欽、郭福水、盧火木三師擔任，謝師教國語算術，郭師教社會學科史、地、公民。盧師教音樂、體、衛，教學成績甚佳，校譽日隆。謝師對我特別關愛，理由可能有二：一、同爲姓謝，二、我成績甚佳，各科幾近滿分，余在小學肄業時，每學期均名列前茅，得到第一名。鼓勵我小學五年級，不必等明年畢業，可投考私立金中，學費雜費由他負擔。三十八年七月暑假，三師返回惠安探親，我遵囑於七月底報名投考私立金中，幸獲錄取。乃修書謝師，報告已獲私立金中錄取，他接信後即遄返金門。其他二師因暑假未終，仍滯留惠安，後大陸淪陷與金門相隔，二師留大陸，一師在金門。後因形勢日趨緊張，校長呂邦楨赴台經商，經費短絀，老師三缺二，遂致停辦。我小學前後讀了四年沒有到六年，並未畢業，也無畢業證書。我原準備前往金中註冊，後因局勢日緊，需繳學費十元銀元，亦無力負荷，謝師與我商議，暫緩辦理註冊，否則與許榮輝、李增宗、吳金贊、蔡世炎等學長同班同學。

三十八年十月二十五日，古寧頭戰役，國軍進駐金門，各項軍經社會，亟待復原，而學校也大都停辦，謝師住我家一段時間，遂認我母親爲義母，變成亦師亦兄，情同手足，影響後來發展至深且鉅，冥冥中蒼天安排好否？後義兄隻身赴台，在高雄縣鳳山國校、路竹國校、南安國校、前峰國校、台南市立南寧初中、高雄省立前鎮高中、台南市省立台南二中任教，計服務教育界四十年，已退休多年，民國四十四年與大嫂孫玉英結婚，育有四子，皆娶媳男女孫多人，生活美滿，家庭和樂。

私立金東初中

三十八年十月後，因兵荒馬亂，學校均未開學，平日無所事事，只好回歸農耕牽罟生活，隔年金沙鎭長張榮強創立私立金東初級中學，校址設於沙美教堂，我與謝水吉，和庵邊呂水涵三人，前往投考，均幸被錄取，免收學費，三人住鎭公所前一舊屋二樓，寄食宗姊夫黃卓輝先生處半年，轉在琴姨（母親結拜姐妹），其爲李立成李忠成昆仲之母，她做攤販，三餐不定，不久又轉呂水涵同學親戚搭伙，生活頗不安定，亦只好如此。私立金東初中，校長由金東民政處副處長馮靜仁上校擔任，印象中，校長很少來校，老師有柳濟川。只半年，換洪祥麟，教國文史地，朱東綠教數學博物張原輝，石政求教英文，丘員（金沙鎭）指導員教公民，吳志昂（金沙國小老師）兼教體育，張景章師教音樂，校長只在任半年，因部隊調台辭職，改由張原輝校長擔任，二百師政工隊長陳淼恩師也兼教音樂，二百師

師長華心權上校對學校諸多關心，時派老師支援，使學校辦得有聲有色，頗受好評。四十年二月又招考「春季班乙班」。學校與後浦私立金中、舉辦學藝、音樂、話劇競賽。由陳淼恩師導演「望中央」話劇，我與蔡麗紅同學分任男女主角，其他配角有蔡麗眞、楊忠鵬、王振忠、呂水涵等，比賽結果，音樂歌唱及話劇由我校獲得冠軍。轟動一時，暑假期間，巡迴勞軍以「望中央」乙劇，分別在二百師師部陽宅，後浦頭四十五師師部，溪邊游擊總隊部，沙美六百團團部等演出勞軍。記得六、七月間，正値盛暑，余飾老頭子，用膠水沾黏鬍子因流汗盡濕，在台上竟然脫落，用手扶，或做其他動作皆不是，因任男主角，必須自始至終在場，不能中途離場，眞是尷尬萬分，今日想起，博君一笑耳？

併入金門中學

四十年秋，福建省政府主席兼金門防衛司令官，胡璉將軍爲振興教育，集中資源，及充實師資設備，將私立金中初級中學，及私立金東初級中學二所，合併爲「福建省立金門中學」校址設於金城鎮（後浦）西門之中正堂，派傅亢先生爲首任校長。新招高中，附設簡易師範科各一班，初三一班（原私立金中），初二兩班，原金中金東合併而來），初一五班，教務主任陳楷，訓導主任初爲楊世煥，後由鄔映雪出任，總務主任劉代耕，軍訓教官傅學通，老師由原兩校老師及軍中支援充任，余係由私立金東，編入二年甲班。導師陳吟後李兆蘭，國文李兆蘭，數學郭威，英語曾俊峰、席德慶，地理康天元，歷史唐斯平，童軍郭冷塵等，採軍事管理，兼施童訓，老師樂施化雨，同學勤沐春風，師生和樂，朝氣蓬勃。不愧爲金門最高學府。茲誌金中校歌如下，此爲校長傅亢先生作詞，周藍萍先生作曲：

巍峨壯麗中正堂，建校於斯浯島之榮光，不怕辛勞，手腦並用，克難創造、青年血氣剛，緊記校訓，禮義廉恥四維乃張，專心致志，德智體群四育毋荒，山川毓秀，人傑地靈，文物蔚起，源遠正流長。

母校受業憶往

建校初期，爲建築圍牆，清晨五時，司令官胡璉字伯玉，親率副司令官，參謀長、主任等高級將官，及城區公教員工，和我全校老師同學，步行至三公里外的山前，賢厝搬石塊，眼看伯公肩負石頭，步伐穩健，態度從容、慈祥、智慧、愉悅，展露無遺，可見其具大將風範，爲民表率之潛移默化，以身作則之教育功能，不久則黌宮圍牆成矣！

學校爲增班需要，在中正堂左側第二排新建教室，規定男女同學每人打印土堣磚一百塊，利用勞動服務、課外活動，每位同學，捲起褲管，脫下鞋襪，赤腳踩土、灌水。先把黃土、沙和水揉合，用木板模，印出長一公尺二寸，寬八十公分土堣磚，有時還需幫班上女同學蔡麗眞、蔡麗紅、周秀華、黃寶秀、董招杏、李寶貞等印，彼此分工合作，都如期完成，交學校驗收。這種「不怕辛勞，手腦並用，克

難創造」的精神，正是母校首任校長傅亢師在校歌裡歌詞之實踐。

巍峨壯麗中正堂，是我們的禮堂，亦是金門當時，可供大型集會之場所，每有重大節日，慶祝紀念會，擴大月會，國父紀念週，胡伯公規定，全校師生都要參加，伯公親自主持，每當悠揚宏亮崇戎樂響起，全體人員肅立致敬，鴉雀無聲，伯公步上禮台，開會如儀或頒獎外，即席致詞訓示或專題演講，全體恭聆肅敬，從天文、地理、人物、掌故、國際情勢、國內外大事、輿情分析、金門軍政重要措施。娓娓道來，恂恂儒將，文韜武略，博學廣聞，內容精闢，見解獨到，鏗鏘有力的聲音，表現了大將之風，如沐春風，如霑化雨，使聽者不禁動容。亦學習了爲人處世的大道理，伯公愛護青年學子，出乎至誠。使我感到無限的溫馨與鼓舞，迄今仍充滿了無比的崇敬與懷念。

入中國國民黨

民國四十年夏，我受訓導主任鄔映雪師，和導師李兆蘭師荐介，加入中國國民黨，經過在珠山村大樓舉辦講習會，由特派員辦公處，和金門縣黨部主辦。調訓基層幹部，小組長和公教人員，新加入黨員，二週的訓練，聘由來自台灣的立法委員劉文島先生，王大任先生、魏徵先生、中央黨部主任總幹事鄭森棨等蒞金主講，採軍事管理，著軍裝，扎綁腿，課程有三民主義，中國國民黨政綱政策、組織、宣傳、民運、調查、社會動態、國際現勢，時事分析等。四十一年三月在中正堂又集訓講習一星期，課程與講師和上次大同小異，不必集體住宿，晚間下課後返回住所。我經考核合格，同年八月一日獲頒黨證，為閩徵字第〇〇×××號。

投考簡易師範

四十一年夏季，我修完初中二年級，自忖家庭貧困，不忍母親爲我兄弟張羅學雜費，及膳食交通費用，適母校招考第二屆簡易師範科一班，修業一年，且係公費，畢業後即可分發國小任教，正符合我當時家庭狀況。乃報名參加考試，和初中畢業者，已任教再進修者競爭，以同等學歷者報考，考試後放榜，我竟獲榜首第一名錄取。校長李鶴皋、教務主任張嗣良、導師李兆蘭、老師康天元等，皆找我面談，都說，謝炳南你成績那麼優異，去讀簡師班太可惜了，應續讀三年級，初中畢業後，升高中，才有前途，余稟告以家庭困頓，將來恐無力升學，校長說項再三，你若讀高中，到時再爲你想辦法，經過兩週之考慮，可以說「天人交戰」，難以決定，徬徨無主，坐臥不安，最後痛苦的決定，放棄簡師，續讀三年級，升高中、讀大學，改變我一生的命運，是耶，非耶？

初中學業成績

初中一年級在私立金東初級中學就讀，上學期第四名，下學期第三名。二三年級在省立金門中學，二年上學期第一名，甲乙兩班合算。下學期第三名，三年級上學期第一名，下學期畢業考及三年總成績第二名（第一名為軍中插班生，只讀一學期沈春元同學獲得），我為初中部第二屆畢業。畢業典禮除校長頒發證書，並獲參加典禮貴賓，時任金門縣商會會長李逢時先生，致贈「回力」球鞋一雙，至為珍貴，且銘感五內。凡成績十名內，免試直升高中部就讀。

直升母校高中

四十二年秋，我升入高中，一班僅剩二十餘位同學，有的未續升學，有的保送台灣省職校、護理學校，及讀簡師班。服裝改夏天黃斜紋布青年裝，戴大盤帽，冬天黑色中山裝軍常服式。校長仍爲李鶴皋，教務主任方傑，訓導主任白恆敬，導師王大鵬。住校並在學校搭伙。吃的含有沙粒大鍋飯，和用菜盆裝的和菜，只有半盆，別無他項，有時還會打衝鋒，那時沒有統一碗樣，有用瓷碗，有的用軍中鋁碗，甚至用牙缸盛飯，有心機同學第一碗盛少，第二盛的滿溢再壓平，慢慢享用，吃的較慢的同學，只有飯桶見底，望飯興嘆，吃不飽活該，下次學聰明點。

參加暑期戰訓

初中受童訓，高中習軍訓，高中生依規定加入中國青年救國團，我因學業操行均佳，奉准參加暑期戰鬥訓練，四十三年七月底，由軍訓教官鄒浚老師率領同學，還有社會青年男女十餘人，乘登陸艇赴台，在基隆碼頭上岸，乘大卡車至救國團總團部報到，分發不同營隊，我們暫住成功中學教室（時任校長為潘振球先生）。在台大法學院餐廳用餐，住膳均免費，由救國團買單。不日我和學姊許秀眞、社會青年陳振裕，分發「野營」隊，一同搭火車至台中，由駐南投的裝甲部隊，派軍用十輪卡車接往南投縣仁愛鄉，霧社莫那魯道抗日烈士紀念碑旁紮營，附近有霧社國小及仁愛農校，還有很多紋面的原住民。白天以行軍、搜索、救難、戰鬥等訓練，晚上睡營區帳房，用白灰灑在四周，怕蛇類侵襲，並輪流在夜間站崗，全副武裝警戒，過了二週的軍人生活，倒也身心愉快，結訓返回台北候船，於八月中返抵金門，暑假終了，準備註冊開學，升入二年級。

九三砲戰驚魂

民國四十三年九月三日下午，中共突然砲轟金門本島及水頭海軍駐地。這突然的震撼，帶給我校老師同學們無限的恐懼，因當時學校無避難防空壕洞設施，而學校又完全暴露在砲火射程內，爲策安全計，我們只好在教室後面，依座號分配位置，挖掘防砲壕溝，作爲避難之所，先挖深至三～五公尺深溝，再左右開挖，足以坐跼姿之圓洞棲身，因地質硬度頗高，且含有石卵粒粗硬物塊，弄得手心起泡結繭。從此每天下午，對岸時常砲擾，每聞砲聲，不分敵我，常面面相覷，驚慌失措，膽小者抱頭鼠竄，奔出教室，作緊急避難，校長李鶴皋，不愧軍人本色，鎮定自如，即叫住同學們不要怕，這是我們打過去的，若是對岸打過來，即叫同學往壕溝暫避，以策安全，這一學期在不正常上課下，砲來我跑，砲停第二天又來上課，如此，反反覆覆，跑跑逃逃，現在想起，尚有餘悸。

戰訓績優獲獎

四十三年九月十六日，接獲代訓單位，及救國團總團部函，略謂我在暑訓期間，表現優異，建議敘獎，獲得金門防衛司令部，政治部主任尹殿甲兼支隊長，頒致獎狀乙幀，獎金新台幣壹佰元。得此榮譽，咸表高興與感激。我將這一百元運用分配，以六十元買了金戒指一只，贈與女朋友吳麗卿，為現在我的妻子，刻有我名字「謝炳南印」，私訂終身信物，因她早送我一只刻有名字的金戒指，當時我無力回贈，另二十元為祖母買烏羽絨布料乙塊，剩下二十元交母親家用，一舉三得，自覺莞爾。

三師砲擊羅難

四十三年，十一月十八日下午三時許，我們班上軍訓課程，老師兼教官孫效鵬師，全身黃色軍常服、戴軍帽、手執教鞭、腋夾圖表，含笑進入教室，將帽子掛在黑板右側釘子上，開始授課，廿分鐘後，忽聞嚨嚨砲聲由遠而近，同學們瞠目結舌，驚慌失措，奔出教室，孫師叫同學勿慌，往壕溝暫避。俟砲擊停止後，即速奔回南門橫竹街住處，約一小時後，砲聲終於沉寂，和同學數人，到附近軍友社看勞軍照片展覽，將近五時砲聲又起，我們跑回住所，躲在床舖下，上覆蓋棉被，聊表心安。耳聽砲聲由遠而近，似從西門「南安渡頭」，而「馬捨宮」，南門「剝蚵攤」，石坊腳，至莒光樓附近，其中一發落在我住處約五十公尺爆炸。就是三師罹難，二師受傷處。大約經過半個時程，砲聲停止，見一阿嫂滿身灰塵嚷著，蚵攤大溝旁，躺著三位狀似老師，我聞之不敢前往探視，速背書包，循許厝墓，經榜林圓環、雙乳山、小徑、陳坑、下坑、後園、塔後、湖前、林兜、新頭、三谿橋、舊機場，回到料羅家中，已是萬家燈火了，計跑了二十餘華里，口渴肚餓，胞弟炳仁時讀初中，在砲尚在射擊中，已先行跑回，母親見了我兄弟平安回家，竟三人相抱而泣。爲著讀書，冒此生命危險，何苦來哉？

翌日返校，方知老師劉照（教黨義），孫效鵬（教軍訓），羅莎（教初中二年國文）。三人罹難，戴和璞（教化學），傳承說（文史）二師受傷。同學黃成本也於同天在東門石坊腳自宅被擊中死亡。令人不勝感嘆、唏噓。十一月廿二日在中正堂舉行公祭，發引安葬全城公墓，每年清明節及三師忌日，金中及早期受業同學，均至墓地祭典，藉報老師春風化雨教誨之恩，並慰恩師在天之靈。

我校搬遷陳坑

民國四十四年元月，行政院任命閩籍國大代表，戴仲玉先生爲福建省主席，實施軍政分治，時任司令官劉玉章（字麟生）將軍，爲顧及全校師生安全，經商議獲得共識，將母校自金城遷金湖鎮陳坑（現爲成功正義里）。曾是金門官兵休假中心，又稱「擎天山莊」。華僑陳景蘭所有之洋樓，另在右側下坡處原有中山台兩邊，由兵工趕建教室兩排。連同洋樓校本部辦公用及房舍，作爲教學場所。三月間校長李鶴皋離職，省政府委員林作梅兼任，同月底我們自金城搬徙，由同學自搬課桌椅，兩人一組，或扛或抬或手拿，由校區沿中央公路（伯玉路），形成一條長龍，甚至來回兩次。爲什麼不用軍用大卡車裝載，是要考驗同學的耐力、勞力、毅力，或有其他考量，迄今尚是個謎，「無解」？不久校長換爲易希鎬擔任。到了新環境，安定就緒後，仍弦歌不輟。學校備有小型發電機，晚間發電照明，供同學晚自修之用。我時爲二年級下學期，與胞弟改爲騎自行車通學，有時我載他，有時他載我，彼此輪流，省些腳力，中午攜帶簡單便當食用。節省費用，但備極辛酸。

高中名列前茅

自四十二年秋，進入高中一年級，一切平順，住校也在校搭伙，上下兩學期，學業成績均列爲第一名。二年級時因逢「九三砲戰」，時遭砲聲干擾。在極不安靜的態勢下，常常顧慮安全，聞砲聲就跑，砲停又來上課，因此之故，一學期以四個月算，只上課約一半而已。下學期又因學校搬遷，變換新環境，情緒不無影響，但學業仍保持第一名，到了三年級，課業略爲退步，上學期名列第二，四十五年六月畢業，連同三年成績合併計算，獲得第三名，爲母校高中部第三屆畢業，由於成績優異，免試保送國立台灣大學就讀，當屆保送十名，名單及學校臚列如左：

國立台灣大學：吳永芳、黃啓載、謝炳南。

國立政治大學：張繼續、呂水涵。

省立台南工學院（今國立成功大學）：張天民、張天達、蕭國忠。

省立台中農學院（今國立中興大學）：洪榮華、李國堅。

金中校長師長

福建省立金門中學，創立於民國四十年秋，首任校長傅亢。（副校長許績銓。）繼任爲李鶴皋，第三任林作梅，第四任易希鎬（我四十五年六月畢業離校），第五任羅志超（四十七年十月九日），因八二三砲戰，全校師生疏遷台灣，寄讀台省各縣省中），第六任姜漢卿（四十九年九月復校）。第七任賴淮，第八任戴華、第九任蔡世炎。第十任盧錫銘，第十一任黃武仁（七十三年七月改爲國立金門高級中學），第十二任王添富，第十三任李光明，第十四任李世峰，第十五任蔡錦杉（現任）。三處主任（自四十年至四十五年），教務主任爲陳楷、張嗣良、方傑、譚永明、周建齡。訓導主任爲楊世換、鄔映雪、方傑、白恆敬。總務主任爲劉代耕、鄒浚、李兆蘭。

任我班導師者，初二陳吟、李兆蘭，初三李兆蘭，高一王大鵬，高二蔡乃涵，

高三蕭邦治、葉華成。擔任授課國文、英文、數學、生物、化學、物理老師。（金東初中一年，我從私立金東轉來）。初一國文老師：柳濟州、洪祥麟、英文石政求、張原輝、數學朱東綠、博物朱東綠。初二、初三國文陳吟、朱振歐、李兆蘭，英文曾俊峰、席德慶，數學郭威，理化張嗣良。高一：國文王大鵬，英文劉志明，數學楊斌元，生物楊世文。高二：國文劉先疇、蔡乃涵，數學蕭邦治，英文左祖耀、司徒堯。化學戴和璞。高三：國文秋心。英文葉華成。物理韓至和。解析幾何，亦是韓老師（女）。後隨夫（金防部砲兵指揮官回台，執教台北市中山女中），改由蕭邦治師接教。其他軍訓教官鄒浚、謝逢源，體育鄒惠湘、周顯澤，童訓音樂郭冷塵，地理康天元，黨義劉照，反共基本論高子昂、張肇平、周建齡，美術符顯迪等師。

自由戀愛結婚

四十二年夏初中畢業，我已二十二歲，早在小學，或上初中，已有心儀女同學，但三四十年代，男女相戀較爲保守，年紀尚輕，只想求學，那敢有男女私情、婚姻問題，豈不受人譏笑。料羅是個多姓聚居的村落，有謝、呂、吳、陳、黃等，我們雖住同村，她姓吳，小我六歲，雖非青梅竹馬，但「近水樓台先得月，向陽花木易逢春」，經過三年多的互相愛慕與了解。在週末例假返家時，常到她家走動，她家開了一爿雜貨店舖及小食部，她主動下廚烹煮「魷魚炒米粉」，給我品嚐充飢。吃在嘴裡，甜在心坎裡。四十三年夏我參加暑訓，返金時在台北市忠孝西路底，「生生皮鞋店」，買雙頗爲美款的皮鞋送她，不久又先後互贈手戒，作爲信物，並在後浦模範街麗都照像合照，私訂終身。雖我家境貧困，僅有古屋乙棟，幾畝旱田，又無任何副業，唯一智慧財，是個高中生，學業成績優異，名列前茅，頗

受村人稱許，由於她聰明伶俐，面貌姣好，長得亭亭玉立，追求者有軍官、商賈、富家子弟，時傳出要嫁給某商人，有人要入贅，她四姊妹中居長，她家準備用招贅方式選婿，她們至親中亦持反對聲浪，理由無他，嫌我家太窮了。當時想法，是可以理解。我倆愛情穩定，等到我高中畢業後，再提親不遲，但一次宗叔婆在閒談中，提及外面風聲談論不斷，可否讓我倆先行訂婚，她父親欣然答應，遂於四十四年六月文定。

我們於民國四十五年七月六日、農曆五月二十八日結婚，那時甫自金門高中畢業，免試保送國立台灣大學前，婚禮依古式舉行，床是父母用了幾十年，舊的重行油漆，梳妝台向大姊借用，連西裝皮鞋，都是外借，在自家辦理喜筵，邀請鄉親戚友，倒亦體面，家無存糧，尚需借貸，她入門後，並不嫌棄，基於愛情無價，共甘苦，共患難，當然那時高中畢業，可在金門找一份職業，諸如公務人員、小學教師，或做小生意，我一一婉辭，選擇繼續升學深造，新婚一個多月，就別慈母嬌妻赴台入學了，如不是她的同意，就沒有今後的一切，好在岳父母叫她幫理店務，免於凍餓，雖生活清苦，但她毫無怨言，我是太虧欠她了。

國立台灣大學

我於四十五年八月底，幸得機場（在西村五里埔）空軍分隊士官張冠群之助，搭乘復興公司民航機來台，母親偕妻、弟弟等來送行，下午抵達台北松山機場，暫住堂姊夫單榮耀家，敦化北路一八六巷空軍眷屬區，晚餐時竟吃不下飯，思維複雜，徹夜難眠，隔天想通了，終於面對現實，接受四年漫長大學生活之考驗。倒也坦然了。九月初攜帶簡單行囊，到台大辦理註冊入學，就讀國立台灣大學，法學院政治學系，並核准進住學生第八宿舍，現基隆路三段一五五巷底，自來水廠附近，吳永芳、黃啓戟二同學也住同一宿舍，彼此可互相照顧。我住樓下一〇七室，和黃大洲同學同室。同時在校中搭伙，每月由教育部撥給公費新台幣九十三元支應餐費。四年合計補助新台幣四千四百五十四元。

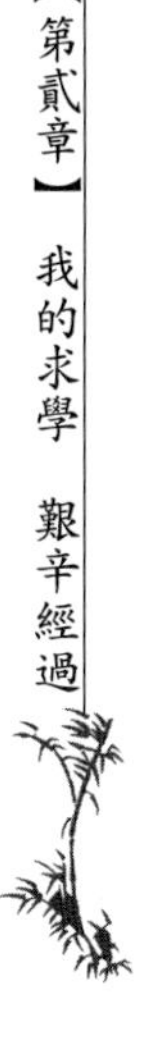

學校情況略敘

校長錢思亮博士，四十年三月到任，教務長張儀尊，訓導長張研田、劉發煊、總務長黃德馨，總教官杭世騏，法學院長薩孟武，政治系主任李祥麟。當時校中設有六個院，即文、理、法、醫、工、農。文學院、理學院、工學院、農學院四院在校總區，羅斯福路四段一號，法學院在徐州路一號，醫學院在中山南路七號。「大一」都在校總區上課，採學分制，有必修和選修課程，每星期大約上二十三～三十學分。二、三、四級遂暫遞減。一年級均爲必修科，有國文、英文、三民主義、中國通史、西洋通史、政治學，各國政府及其政治（比較憲法）、哲學、理則學等。「大二」、「大三」、「大四」都在法學院徐州路設有教務、訓導分處。大二課程有中國政府、中國近代史、經濟學、國際公法、國際私法、刑法概要、國際關係、國際政治，蘇聯政府及其政治，老莊哲學等。大三有中國外交史、西洋外

交史、公文程式、行政法等，大四有中國政治思想史、西洋政治思想史等。讀畢一百二十二學分以上，就可畢業。

四年授業恩師

在校四年授業恩師，有校長錢思亮，教務長張儀尊，訓導長張研田、劉發煊，總務長黃德馨，總教官杭世麒，院長薩孟武、施建生，系主任李祥麟、雷崧生，教授、副教授、講師有方師鐸、紀定、傅啓學、范壽康、傅樂成、虞文、劉慶瑞、劉甲乙、趙蘭坪、姚淇清、張鏡影、趙琛、黃季陸、魏守嶽、俞仁寰、王正銘、陳國新、曾繁康、吳相湘、劉秋麟、李懷程、段家鋒等。

在校生活動態

大一時期，住在第八宿舍，是距離校總區最遠的地方，步行約需廿分鐘，三餐都在宿舍搭伙，午餐上下課，每日來回二、三次，甚感不便，但有宿舍住，已是萬幸了，同校同舍吳、黃兩同學，不久各買「伍順牌」廿八吋、廿六吋，腳踏車各乙輛代步，只有我還是走「11」路來往。那時清早有退伍軍人老伯，騎車叫賣，「大餅、饅頭」，我從未光顧，晚八、九點有賣麵食，偶爾買碗純清麵，連加個滷蛋或塊豬腳筋，都捨不得花錢，早餐稀飯佐以醬瓜或花生米，中餐晚膳只有一盤和菜，常以牛肉炒白菜絲，或芹菜韭菜或一小片牛肉排，我自幼不食牛肉，肉排只好給同桌同學，炒菜者只揀吃菜類，總不吃牛肉，亦曾滲牛肉味了，湯是整桶各自添用，如遇有牛肉湯，只好望湯興嘆棄權了，奈何！

大二法學院同學，改往徐州路上課，第七、八宿舍由一年級新生進住，二年級

生大都遷往離總校區較近住宿，我亦幸運搬往溫州街第一宿舍，它在和平東路一段尾，新生南路中，是一日本時代的舊舍，只有一樓，沒有小隔間，多床通舖的榻榻米式，住得不很舒適，但公車第「4」路可達舍傍，省了步行之苦，不久又抽中，搬到第四宿舍二十六室住，位在法學院旁，中間只隔紹興南街馬路穿越即達，下課後若無連續課程，可回舍休息。直是天公疼憨人，好幸運。好高興了。

金門砲戰遷台

民國四十七年，八月二十三日下午，發生名震中外的「八二三砲戰」，我於七月廿七日，乘飛機返金門探親，因台海局勢緊張，暑假未終，當時有救國團金門暑期戰鬥營，青年男女學生百餘人，在金門集訓，顧慮彼等安全，提前結束，八月十五日，由國防部僱用民間客輪「安平輪」接回，同時亦通知回金探親大專師範職校同學，同乘該輪回台，時隔八日，就發生砲戰，歷時四十四天，爲顧及父母親、妻兒和弟弟安全，每日焦慮惶惶不可終日。十月六日、九日，父母親妻女和弟弟，分別疏遷來台，在高雄港登岸，初暫住高雄市前金國民小學，後每人領得慰問金新台幣參仟元，再分發嘉義縣義竹鄉下祠堂棲身。那時我正是「大三」，爲了課業及交通費用，都未能前往接待，後來他們轉來台北市，炳仁弟就讀台北復興高中。全家借住堂姊夫單榮耀處，就是敦化北路一八六巷、中泰賓館左側空軍眷舍，

已拆遷改建大廈，我也自第四宿舍搬出，借用姊夫眷舍後側廚房，四周圍以竹籬笆，再以軍用舊蓬布擋風阻漏，地面以煤渣鋪地，前後各開一矮小門扉，以我一六八公分身高，進出尙須低頭彎腰，向它行鞠躬禮。夏天燠熱，冬天冷風颯颯，眞是名副其實「夏熱冬涼」，就現在豬舍牛欄都比它好得太多了，雖居陋室，妻卻毫無怨言。我們對姊夫的眞誠幫助，迄今仍感謝不盡。

一家五口蝸居違章竹屋，弟弟住校，我當時尙在求學，無任何固定收入，每月僅靠教育部補助公費新台幣九十三元，家父爲眷村清水溝，母親爲人看小孩，我以家教（在眷村半義務式，補習費不多，爲學校刻鋼板印講義，現右手中指，尙留有硬繭痕跡，妻爲人洗衣、織毛線衣，晚間我倆糊紙袋信封，每千個只有新台幣三元，忙得汗流浹背，腰酸手痛，歷時二載餘。四十八年冬長子志文生，四十九年夏弟高中畢業返金，五十年七月雙親回金門舊居。

暑期大專集訓

四十八年七月，大三學期終了，國防部舉辦大專生暑期集訓，召集大專院校三年級學生，在台中縣轄「車籠埔」，軍中稱「光隆營區」，第五訓練中心，「坪林」第三訓練中心，「竹子坑」第四訓練中心，我們於七月中，赴「光隆營區報到，編入第四營第十五連，三營編有第九、十、十一、十二四個連，分別以政治大學、師範大學、東吳大學編成，第十三、十四、十五、十六四個連均為我母校台灣大學編成，當時預訓司令為劉玉章將軍，他曾任金門防衛司令官，後升任台灣警備總司令，指揮官王樹人上校，營長何振清，連長安良少校（按連長編制為上尉職缺），副連長劉森上尉，指導員畢傑中尉，一排排長宋家輝中尉，二排排長郭貴湘少尉（曾任東引守備區少將參謀長、金門防衛部少將副參謀長，及金門防衛部，駐台服務處處長後退伍）。三排排長黃效先少尉（後補軍官）。四排排長杜祖信少尉

（預備軍官，台灣醫學太斗杜聰明博士之公子）。我與黃啓戟同學同爲二排三班，吳永芳則編入第十六連。教育班長，均爲預備士官擔任。我們連隊是全營最嚴格的，大家稱爲「人民公社連」。連長安良，爲「安心又良」的綽號。每人裝備有三八式步槍乙枝，鋼盔乙頂、沙腰帶乙條，全新軍便服兩套，黃色一套爲外出服，綠黃色軍便帽各乙頂，黑色鞋襪各兩雙，內衣褲兩套，水壺一個。以二等兵編階，衣領兩邊，掛有大專暑期集訓學生章，每月薪餉新台幣四十三元。訓練課程有基本教練、班教練、排教練、兵器解合、射擊打靶、夜行軍、緊急集合、政治教育、站崗值夜站衛兵等。訓練期間計十四週，時間達三個月，除初入營二週內，不可外出。其中每隔一個月可返家探親一次。每日操練，汗流浹背，備極辛苦。爲備將來執干戈，以衛社稷，亦只好忍耐了。

遭逢八七水災

民國四十八年八月七日，台灣中南部發生嚴重的水災，稱為「八七水災」，當時各項資訊尚不發達，又沒有電視報導，營區更極為封閉，這突來的驟雨，確出乎意料之外。

八七凌晨，我們寢室水浸過膝，下舖被毯盡濕，拖鞋面盆盥洗器具漂散逐流，大家驚慌失措，用面盆鋼盔清除積水仍無濟於事，有的方喜今天不必出操，但不知水災如此嚴重。營區雖損失不大，但水電盡斷，只好斷炊，改食乾糧罐頭，連續三天。無法正常操練，在營區整理環境，三天後有空軍C46、47運輸機，在我們營區大操場空投米麵和罐頭黃豆。自來水管被沖斷，只好在營傍架設塑膠布圍個大水池，仍不敷使用，每天下午沐浴時，只好拿著面盆在附近溝壑溪流，袒裎相見，時程達兩週。由於對外交通，完全中斷。例假星期六、日，無法到台中市，以往正常

時，假日由台中市公車，來營區接送至台中市火車站前。現只好營區內自我休假，或只能在附近走走而已。到了第三週實在憋不住了。只好成群結隊，涉水過溪，到溪旁將鞋襪長褲脫掉，舉在頭頂上，兩手上舉，過溪後再穿上，整肅儀容，眼見溪流滾滾，大石漂流木橫木漂流而過，確實危險，令人捏把冷汗。

好不容易，經副總統陳誠的校閱，訓練已接近尾聲，經過三個月的革命洗禮，學習了些戰鬥技能，並接受「八七」水災驚險的考驗。終於結束，繳了個人裝備，脫下軍裝，換上了便服，成爲死老百姓（以往軍官罵士兵語），吃胖呼！變瘦否？曬黑嗎？回家囉。

完成大學學業

暑訓結訓後，已是十月中，開學比往年遲，因配合這些三年進四年級的大哥們，新生一年級小弟們，亦晚了註冊，因四年級課程甚少，上課時間少了很多，可以放輕鬆點，暇時多往圖書館跑，多看點書，充實自己智識，每天仍騎著在萬華「×仔市」，買回的舊腳踏車往回，風雨無阻，在我想像中，四年沒有請過病事假，亦從未蹺課或缺課，是個全勤的窮學生。一學期平靜無波，進入大四下學期又準備拍畢業學士照。繳畢業證書照，畢業紀念冊資料。畢業考試，於四十九年六月，完成大學四年學業，順利於四十八學年度，四十九年六月畢業，爲本校第十四屆畢業生，六月中在校區「傅鐘」前，舉行露天畢業典禮，校長院長和師長，都穿著博士袍、碩士袍和畢業同學家長一齊參加盛典，校長在紀念冊上題詞：「日知其所無，月毋忘其所能」贈勉，義哥謝守欽及嫂子孫玉英女士，兩人特地從南部岡

山前來參加畢業，多年來在精神上的鼓勵，物質上的資助，可敬可感，在金門義哥呂福氣、義嫂張健治亦都如此，加以旅新加坡鄉僑謝漢宗叔，呂建成叔、呂扁叔、宗兄謝清義的資助，使我在漫長四年的歲月中順利完成學業。更感謝父母親、岳父母、妻的不辭辛苦，相伴相隨，師長們的鼓勵，親朋的關心。獻上無限的崇敬與謝忱。

幹校分科教育

四十九年十月十六日，奉召入伍服預備軍官役，先在北投復興崗，政工幹部學校預官班第九期，接受爲期十二週分科教育，校長周中峰中將，副校長梁孝煌少將，教育長楊銳少將，班主任郭伯達上校，隊長李翼群中校，預官班計編成二個中隊；第十七中隊、第十八中隊，我編在十八中隊。上課以政治課程爲主，軍事課程爲副，課程有國際現形，五大信念：主義、領袖、國家、責任、榮譽。政治課程以組織、宣傳、政治教育、監察、保防、民運，戰地政務，政工實務等，五十年元月畢業，肩上掛上陸軍政工少尉徽章，步出校門，走入軍中服役十個月。

【第叄章】

服務公職　心路歷程

七八三通信營

五十年元月八日離開政工幹部，休假三天後，前往駐地台北縣樹林鎮羌子寮、第三軍營區，七八三通信兵營報到，軍長張光智中將，參謀長彭明輝上校（佔少將缺），主任任景學上校（佔少將缺），不久均晉升少將，營長梁先用中校，後換車智琛中校，指導員蔡樂政少校，後換任學時少校。我報到時，以少尉階敘薪，月俸新台幣二百六十元。先任無線電中心連少尉幹事代指導員（指導員曾憲俊受訓），連長林正修少校，不久調架設第一連幹事代指導員（指導員王亞廣受訓），連長韓克泉少校，東北遼寧省人，精明能幹，善於統御，帶兵帶心，恩威並濟，賞罰分明，愛護部屬，負責盡職，達成任務，在營區各項比賽中，每列前茅，在朝會時，屢獲軍長張中將嘉許。我在連裡時間不長，連長愛護有加，完全以父兄愛子弟相待，從不厲聲惡言，是一位值得尊敬的長官。後他暫調六堵工業區兵工協建工作，我亦暫調營部辦公，但吃住仍在連上。與副連長郭志貴上尉、指導員王亞廣上尉、排長姚關保上尉、李忠銳中尉、王鴻林少尉、高占清准尉、單賡誠等，原在架設第一連，中尉排長蒯虞後調營部助理作戰官，原在連部任中尉幹事許武獻，後調軍部。排長姚關保三位，原爲韓連長麾下得力幹部，三位聲音特大（號稱大聲公），仍保持良好互動，至十月十五日退伍後仍有聯繫，永懷不忘。後韓連長轉任國防部情報局升至上校組長，軍職退伍後，復任中央廣播電台至屆齡退休。

當選模範母親

五十年四月，我尚在軍中服預官，由軍部推荐家母爲軍中模範母親候選，後經台北市遴選委員會，決定通過爲模範母親，五月第二個星期日爲母親節，軍部派遣1/4小吉普車連駕駛，至台北市接母親，由我夫妻陪同，前往中山堂接受表揚，市長黃啓瑞先生頒給獎狀獎牌和禮品，議長張祥傳先生頒贈「今之孟岳」匾額，並聯合設宴，餐後赴遠東戲院，招待看電影，這是一件殊榮，母親當選，也實至名歸。

部隊復興演習

「復興演習」是參加雙十國慶閱兵的代號，由北部軍團負責，我們第三軍通信營，參與的是通信車輛，在總統府前行進，無地面徒步隊伍，由無線中心連，和有線電連編成，編制有營長、指導員、兩連連長，及年輕力壯、體態豐碩官士充任，以壯軍威，通過閱兵台，接受老總統蔣公校閱，自六月就進駐基地集訓，車輛保養無缺，且重漆煥然一新。副營長、助理指導員參加集訓，營長體形消瘦，指導員因車禍住院，營部只剩政工官曾上尉，故調我在營部辦公三個月，至十月十日國慶閱完兵，參加者回營建制。十二日軍長張中將，召集將退伍預官十餘人，在軍部賜宴嘉勉一番，十五日役畢，脫下軍裝，回到台北家中。

阿蓮初中任教

在我服預官役，即將退伍時，曾積極找尋工作機緣，請託師長荐介，或函件請託，原意返母校金中執教，因無文史教師缺而作罷，有的回覆我讀科系，任教員沒有出路，時間未到，到時再說，等候通知。因我屬第二梯次入伍，十月中才退伍，錯過暑假機會，中途插進，確有困難，愚意以公家機關、公教人員爲佳，確實困難。直到退伍後，工作尙無著落，眞的令人心慌，斯時上有父母，下有妻兒待養，總不能長期失業，當個在家「宅男」。退伍翌日，火速南下高雄縣彌陀鄉南安國小的義哥商議，第二天我們各騎腳踏車，去左營覓職，原私立海青中學有缺，但係私立的而婉謝，第二天又騎車到高雄縣的阿蓮鄉，找義哥同鄉，阿蓮國小黃主任，承其熱心轉介，阿蓮初級中學校長顏凱雲先生，係台大學長，延聘爲教員，心中欣喜萬分，皇天不負苦心人，退伍不到五天，就覓得工作。即急返台北，將妻兒及簡單行李，南下赴阿蓮就任，接獲聘書教員兼組長，並自十月十六日起，報請縣府敘薪，月俸新台幣九六〇元，外加實物配給，米、麵、油、鹽，及六十元煤代金，暫租賃學校附近阿蓮村朱老伯家安頓，半年後遷入學校宿舍。從此才有較多的收入，過著每餐三菜一湯的最低生活，妻爲我整整捱了五年的辛苦歲月，做丈夫的我，實感汗顏與內疚。每月發薪時，尚有餘力，寄些錢奉敬在金門的父母，以盡子職。

蓮中三年有感

高雄縣立阿蓮初級中學，是一所阿蓮鄉及田寮鄉兩鄉的學校，地址設在阿蓮村，校區阿蓮田寮為主，尚有岡山空軍子弟前來就讀，不在少數，當年讀初中，須經過考試錄取後，才能入學，校舍只有一、二樓乙棟，二樓有校長室、教務、訓導、總務三處，圖書室，一樓為教室，校後方有升旗台、運動場，右側尚有教室一間，單身員工寢室十間，以三合板隔間，有眷宿舍八間，因創立未久，各項設施至為簡陋，校長顏凱雲，台灣嘉義人，台大農經系畢業。教務主任沈方璵，訓導主任鍾國上，總務主任郭承富，我擔任教員兼管理組長，和訓育組長盧兆珉，配合良好，學生秩序、禮節、行動等為之丕變，頗受好評。

第二學年聘為文史教員，辭卻管理組長。校長原要我改任教學組長，被我婉謝，出任二年導師，第三學年仍授國文，畢業班歷史，兼導師，教學用心，負責盡

職，每學期廿週，依規定要學生作文九～十篇，每班約六十人，甚至一天晚上至午夜全班改完，有的老師全期只有二～三篇而已，歷史課，是我讀書最喜歡的科目，上課時前已有準備，故不帶課本，僅記大綱，娓娓道來，有條不紊，加上些《三國誌》、《水滸傳》稗官野史佐料，如西洋「羅米歐」「朱麗葉」，我國「梁山伯」「祝英台」等故事，同學們下課後絮絮竊語，謝老師好厲害喔，上課不看課本。講得如此生動詳盡。校長對我極爲尊重與嘉勉，每年考績均列一等。自五十一學年起，兼任員工福利社理事兼經理，經營有方，開源節流，績效良好，連續二年，舉辦員工旅遊，一次往日月潭二天一夜，一次去關仔嶺台中，三天二夜。義務任高雄縣黨部第十八區分部，中國國民黨義務幹部。五十一年任阿蓮鄉後備軍人營連長、輔導長，五十二年七月，至五十三年六月，任高雄團管司令部，阿蓮鄉後備軍人輔導組組長。

奉召集訓講習

吾於五十年十月退伍，屬於退役新幹部。五十二年四月二十六日，即接受教育召集，地點台中縣成功嶺，召集部隊，預備第九師，簡稱「預九師」，平日為「空殼師」，平時只有幾十名幹部，進基地才有編制內官士兵。師長為黃烈少將。編入二十五團一營一連，少尉幹事，團長向華超上校，六十二年任金東師少將師長，後升總統府參軍，晉任中將後退伍。同年五月二十日解召返校。五十三年四月十三日，又奉召教育召集，地點仍為成功嶺，師長鄭崇城少將，編入砲指部，指揮部連，任少尉輔導長，營區在彰化八卦山大佛後營房，至五月七日解召返校。

五十二年五月廿五日又奉召赴北投復興崗政工幹校，參加戰地政務講習班二十一期受訓，校長周中峰，副校長吳寶華，曾任金防部主任，後升任空軍總部主任，晉任中將，班主任屠森冠上校，後任金門縣政府縣長，我編在二十隊，中隊長吳靜川中校，計十七、十八、十九、二十四個中隊，每隊約一〇〇人~一〇五人，合計四百餘人，受訓二十五天。結訓返校，已準備束裝返金了，不管是擔任輔導組長教育召集，戰地政務班受訓，皆我所能控制，既非主動爭取的，也非我能事先預知的，接到召集令，只好奉命行事。但耽誤學生課業，倒是歉然。

返回金門故鄉

學期結束後，我早已決定回金門服務，辭退學校聘書，辦理辭職離校手續，並面謝顏校長三年來的愛護與肯定，一向處事周延，要求完美無缺的我，連煤球店、已用的煤球款、藥商留家的藥包，如萬金油、八卦丹、五分珠、濟眾水。仁丹等藥品，已提用的、未動過、剩餘藥包，用的款項一併委託鄰居太太，代為處理，不留一點瑕疵，使人訾議，清清白白的離開，高高興興的回家。記得是五十三年七月廿六日三點，雇用一輛貨車，幾箱行李，及隨帶小型家具，帶著妻兒，我坐在駕駛旁，妻兒們在車上，到高雄港十三號碼頭，辦理出境手續，傍晚時分上登陸艇（所謂開口笑），經過二十餘小時的顛簸，於二十八日凌晨，在新頭海灘，由宗親水吉叔，商請駐料羅空軍，駕駛軍用大卡車來接，並協助搬運行李，至為感謝，回到闊別八年的家鄉，增添了兒女一對。

初任縣府股長

五十三年七月底自台返金，已受時任金門縣政府文教科長周建齡師之邀，出任中教股長，承辦有關中等教育業務。九月金城國中，首先以延長義務教育爲九年，全國首創開學，早台灣三年。五十六年八月，全國才開始全面實施。余抱著學習的心情。有關規章辦法之訂定，從無到有，進而粲然有備，對編擬各國中員工員額編制表，金城國中歲出預算，訂定清寒學生免繳什費辦法，及統一收費標準，家長會設置辦法等確實執行，督導入學升學率達百分之九十二點三，籌辦金湖國中，金沙國中校舍新建，教學設備之採購。兩所學校於五十四年八月，順利創校，曾獲司令官兼主任委員，王多年將軍記功兩次之獎勵。

黨務幹部訓練

五十四年八月十八日，赴台參加中國國民黨特種黨部戰區黨務幹部訓練班。自八月十八日起，至九月十八日止，爲期四週「黨幹班」受訓，地點在中壢「忠愛莊」營區總隊長屠森冠上校，分編成四個中隊，學員三百七十八人。大都以軍中幹部，現役中上校爲主，亦有民間公立機關主官（管）人士，學員中大都是外省籍，僅有莊天惠，葉雲彩二人是台籍，金門籍僅我一人。萬紫千紅一點「金」，是奇數歟？結訓返金門後，金湖金沙兩國中，開學校有關事宜，並籌備金寧國中，五十五年八月設校，校舍新建地點選定，學區重新劃分，原在金沙國中一年級，升二年回校就讀，預爲妥籌。

轉任黨部組長

五十五年五月十五日，我轉任金門縣黨部第三組組長，主任委員楚志武先生，金防部政戰部，上校副主任，書記朱明先生，第二組組長朱光亞先生，第一組組長陳熙晟先生，第三組主管民運、宣傳、婦運、社調、保防、社團輔選、社團輔導等業務，組有視導幹事各一人。五十五年九月二十日起，至十月九日止，計廿天，辦理地區第二次聯合服務，配合黨、政、軍、教、社團等，各組成服務隊，項目有修建贈貧民住屋，補助學校社區運動場所，醫療義診，慰問清寒民眾，致贈獎學金，整理環境衛生，大掃除等項目，參加服務人數二〇、六〇一人次，受惠民眾，三九、七八三人次，受益價值，新台幣七五八、五五九元。第三次聯合服務五十六年一月二十日起，至二月三日，計十五天，參加服務人數，二五、〇七四人次，受惠民眾四一、〇八二人次，受益價值，新台幣一、〇八六、〇〇四元。

五十五年八月，金城鎮試辦村（里）長選舉，東門里林華，南門里盧長生，西門里蔡開河，北門里楊宗肯，垵湖村許志堅、珠沙村戴德揚、古城村董兩徐、賢庵村吳永波、金水村黃城池。五十五年十月，金城鎮試行民選鎮長，由石炳炎高票當選。同年十二月，金城鎮試行民選代表九人，主席黃欽堯，代表辛怡鴻、黃祝願、蘇其生、歐陽金萬、陳炳朝、吳振芳、林天南、黃雪華（女），成立代表會，這三次選舉，炳南適躬逢其盛，完滿達成輔選任務，在地方自治史上，留下一段佳話。又主辦漁民保防講習並兼任講師，獲得嘉許，蒙楚主委厚愛與提攜，薦我出任金門縣立金沙國民中學校長。

派任沙中校長

余於五十六年八月一日出任金沙國民中學校長，抱著滿腔熱誠，任重道遠，如臨深淵，如履薄冰，兢兢業業，念茲在茲，全心投注，全力投入，隨即調整人事，教務主任蔡世炎兄、訓導主任蔡永堅、總務主任洪當福兄，並延聘優良師資，順利於九月初註冊開學，遴請江葆沂師為教學組長、黃武仁師為註冊組長、史承陽訓育組長、費鈺管理組長、曾盛清為體衛組長。五十六年上學期，有三年級二班（普通、商業科各一班），二年級三班（普通二班，商業科一班），一年級四班，均為普通科，全校計九班，學生人數三六八人，教職員工二十六人。由於前校長盧錫銘兄，二年來的專心擘劃與經營，已奠定良好基礎。今後只要循序漸進，不難底成。

革研院建設班

五十七年二月十日，革命實踐研究院黨政建設研究班四十二期，在台北木柵中興山莊開訓，金門地區參加教育界同仁有六人，金門縣政府文教科長王一心、金寧國中校長呂水涵、省立金門高中訓導主任王添富、金湖國中教導主任薛天發、金沙國中校長謝炳南、金湖國小校長楊長齡。全班計有來自台灣省各高初校長、教務、訓導主任，總人數達二四〇人，分小班、大班上課，就是分散或集中講授，總裁 蔣公兼院長，班主任袁守謙先生，講座教授均由黨國大老、學者、專家、中央部會首長、大專院校校長擔任，課程專題講演，論文寫作，專題討論，有關教育行政、教育政策、黨政關係等，為期一個月，三月十日結訓，乘飛機返校。

校長三年感懷

我在金沙國中校長三年（自五十六年八月一日，至五十九年七月三十一日）。重要建設及措施，其犖犖大端者有：

一、增建教室含特別教室（二棟）原一字型，爲H字型，內普通教室廿間，上下二樓，特別教室四間，工藝、家事、理化實驗室、音樂各一間。更爲堂皇美觀。

二、新建教職員宿舍乙棟，上下兩樓計十六間，盥洗室、洗手間各乙間。

三、構建防空壕洞五座，供師生緊急避難之所。

四、闢建簡易運動場乙處，僅有不合標準之跑道用煤渣舖設。

五、製造鐵質校門。

六、恭立國父瓷像及圓環精神堡壘。

七、製作精神標語牌兩副，書寫「做一個活活潑潑的好學生，做一個堂堂正正

的中國人」，豎立教室兩旁正面。

八、設計製作「校旗」，由我小學老師義哥，台灣省立台南二中，美術教師謝守欽設計，旗面係藍底，旗徽有顆紅色寶石，四條白色線條發亮，又代表四維，禮、義、廉、恥。外環有八個黃色巨輪。代表八德，忠、孝、仁、愛、信、義、和、平，不斷運轉，日新進步的象徵，寓意深遠，意義非凡。

九、創作「校歌」，由盧文博師作詞，經張奇才兄暨我共同修正潤飾，句中「春誦夏弦、聞雞起舞」，「勤沐春風，樂施化雨」爲傑作，史承陽師譜曲，校旗校歌均報由金門縣政府核備有案。

十、五十七年七月，畢業生普通班、職業班各乙班八十四人，參加高中聯考，初展啼聲，一鳴驚人，創五所國中升學率第一，並獲聯考榜首狀元楊成家，現任金中數學教師。

十一、一學年，金縣比賽多項冠軍佳績，音樂節金縣歌曲比賽第一，「五一勞動節」，正氣中華報創刊女子籃球比賽第一，全縣國中，「生活須知」話劇巡迴金沙鎮轄區八村里比賽第一。金縣國中美化環境，種植樹木花卉比賽第一。

十二、在校內，凡生育女教師，或老師美眷，皆致贈克寧奶粉兩罐，方糖兩盒，雞蛋十二個「做月子」致賀。每學年結束後，老師們赴台渡假，致送金門高粱酒貳瓶，經費許可時○、六，較緊時贈○、三的高粱酒。

這些稍有成績，感謝教務主任蔡世炎、黃武仁、訓導主任蔡永堅，事務主任洪當福、陳弘章等鼎力協助，荷蒙家長會會長黃章歲先生、黃應城先生，士紳張海傳、張漢棟、王清泉，學生家長們之厚愛，鎮長符文敏，民服站主任許英仁之支持，與全校教職員工同仁，通力合作，推誠相與，和衷共濟，才有此成績，內心欣慰且感。

出席十全大會

民國五十八年三月廿九日，中國國民黨第十次全國代表大會，在台北陽明山中山樓召開，地區選出代表五人，爲閆修篆縣長、楚志武主委、李金塔救國團秘書、謝炳南金沙國中校長、呂愛珍（女）金門中學教師，我們一行早兩天，乘機赴台，接受外島服務處禮車迎接，進住位於中山北的「新亞」旅館，廿九日上午九時，舉行開幕典禮，由蔣總裁親臨主持，老總統時年八十三歲高齡，仍精神矍鑠，聲音鏗鏘有力，每早主持讀訓，並簡短訓示，雖操浙江口音，我仍然聽得懂百分之九十，勤作筆記。返金後曾在金門日報副刊，發表心得專文。會議自三月廿九日至四月九日，計十二天。對黨的革新，促進行政效能，全國民心之振奮收益甚弘，會中總裁贈予出列席代表同志玉照乙幀，倍感榮幸。

奉金門黨務特派員辦公處指派，金門地區出席十全大會代表，宣導「十全大會成就報告」，自四月廿一日起至九月十九日止，計五十二場次，分別利用村里民大會，黨員聯合小組、學校、機關、社團、部隊士官兵，參加聽講人數，黨員二、三二二人，學生四二九人，軍官士兵三〇〇人，民眾一、五二二人，合計四、五七三人。績效良好，深獲嘉許，並得司令官兼特派員，頒給獎狀及記功之獎勵。

艱辛歲月憶舊

我於五十六年八月接掌校長，在五十年代，當時尚無電力、自來水供應，操場上黃泥沙土灰塵滾滾，校長室就設在二樓，原是普通教室，陳設簡陋，僅以小布幔屏風間隔，白天辦公，夜間充當寢室，被褥枕頭布，每隔三、五天，則需洗滌乙次，夜間以蠟燭照明，洗手間又距約一〇〇公尺，夜間確不方便。斯時學校大多數教師，都來自台灣，忍受舟車勞頓，甫到校後，當天或隔日，即須接受單打雙不打，對岸宣傳砲的歡迎與威脅，本校位置後方，接近美人山，及自西園至東蕭彈道線上，每逢單日，砲聲噓噓啾啾，響個不停，都在附近爆炸，單身教師聚居侷促在二樓原禮堂，權充寢室，生活品質極爲貧乏與不便，他（她）們不顧安全與享受，拖家帶眷，遠自後方來校作育英才，實在令人欽敬，故我對老師特別禮遇關照，幸皇天神祇庇佑，「天佑我校」，「天佑吾師」，「天佑我生」，三年來平安無事。阿彌陀佛。

請辭校長職務

民國五十八年初，地區長官更迭，他們把我列爲黨務系統，非其族類，參加十全大會後不久。縣委會第十屆代表大會，我原爲第九屆委員，信心滿滿，以爲可以連任，不意候選名單出爐，竟然落榜，原來縣委會簽呈，知會時被剔出名單，已嗅出我今後的處境，自覺「春江水暖鴨先知」，果然不如意事件接踵而來，先有考績列二等，七九、五分，又因某組長原要資遣，後又反悔事，被申誡乙次，連老師結婚也申誡乙次。這兩次申誡在情、理、法皆不合程序與邏輯，令人難以信服，例如甫任校長時，曾因輔導學生考士校人數未達標準，被記過乙次，我都無話可說，偶然牢騷幾聲，竟被某股長說：謝校長你越叫就越倒楣，已到一葉而知秋了。有次長官率同全縣中小學校長，巡察各校環境衛生植樹情形，在車到本校門前，就是現國中路，竟指著我說：「你們看看，謝校長我叫你種樹，你給我拔樹」，使我尷尬萬分。因當時行道樹「木麻黃」，由別處移植，根路尚未穩固，且係黃土質，每逢雙號晚間，金東師官兵、乘載的大卡車來金沙戲院看電影，散場後車輛進退，官兵腳手搖動，致暫枯萎，參差不齊，有礙景觀，故而拔除，待明春兩季再作處理，他根本不聽我陳述。令我無地自容，車到金湖鎮，某國小校長私下說：縣長太過分了。

回顧我於役沙中三年，計一千零九十五日，起初一年多期間，雖壓力很大，蓋因我責任心重，榮譽感強，求好心切，樣樣追求卓越，事事完美無缺，校際各項比賽，都想拿「第一」，毋違長官期許，毋忝父母所生，毋負家長付託，毋欠學生期望，前期雖工作艱辛，但身心愉快。

教育雖非我本科，但是我的最愛，曾自忖三有四不，三有：仰不愧於天，俯不怍於地一樂也。父母俱全，兄弟無故二樂也，得天下英才而教育之三樂也。四不：一、不貪污。二、不違法。三、不沾桃色，四、不賭博（金門地區單行法），因時運不濟，壓力頻加，到了身心俱疲，從「想走、要走」、「必須走」，到「不得不走」，終於五十九年三月八日，面見縣長口頭請辭。

至於後來到黨部服務，任書記職務，也是因緣際會，其實和主委胡世元先生，僅是黨部會議時，數面之緣而已，並無深交。適於四月間，原書記朱明先生，調往高雄縣黨部任職離金，要找人接充，得知我曾任黨部組長，在年輕的一輩中，又是地方人，確實不易，主委親自暨組長孫志賢先生，曾是我任組長時同事，來校徵詢，在十天內二次，答應在學期結束後，七月卅一日，才能赴任，他倆說，經過簽呈，行文國防部王師凱先生，及中央黨部迴文，時間估算相符，當時心想「過渡」「過軟」換個職務也好，未來再作打算，遂於七月廿日，提出書面辭呈，當時地方家長及士紳，曾有聯名挽留之議，被我婉謝作罷。終於五十九年八月十日，奉金門防衛司令部政務委員會，（59）會秋字一〇一九六號令，略謂：「該校校長謝炳南另有高就，呈請辭職照准，自本（59）年八月一日生效」。辦完了手續，離開三年摯愛的金沙國中。

回任黨部書記

民國五十九年八月一日，我請辭金沙國中校長職，回任金門縣黨部書記，兼金門黨務特派員辦公處地方組組長。主任委員胡世元兼特派員辦公處助理書記。金門縣黨部、編制、主委書記各一人，下設四組，第一組組長孫志賢，第二組組長許金龍，第三組組長宋格非。第四組組長許伶俐（女）。另設考紀會，人員都是聘兼的。胡主委為人忠厚，處事縝密，對余為人充分信任、做事充分授權，每有建議或陳述意見亦很尊重採納，愛護有加關懷備至，時以炳南稱之，不加職銜，在他麾下任事，至為愉快。

重要工作概述

重要工作有：

一、五十九年推行「加強戰鬥編組，建立黨員責任區制度」：績效良好，獲中央頒發榮譽獎牌。

二、督導辦理聯合服務：自民國五十四年四月十五日，金門地區舉辦第一次聯合服務。至六十五年二月十五日，計辦理十二次，其中第二、三次，爲余任組長時辦理。第七、八兩次，我督導辦理。第七次聯合服務自六十年一月四日起，至十七日止，參加服務人數一五、三三一人次，受惠民眾六一、七三五人次，受益價值新台幣三、六五七、八三七元。第八次聯合服務自六十一年一月二十八日起，至二月十日止，參加服務人數一四、五二四人次。受惠民眾二四、八七一人次，受益價值新台幣四、三〇七、一二五元。

三、策劃並督導首屆民選輔選：六十年二月二十八日，金門第一屆村里長選舉，選出村里三十七人，投票率達百分之八八點九三。同年四月二十五日，金門縣首屆鄉鎮民代表選舉，選出代表計四十三人，投票率百分之九十三點五三。同年六月二十七日，金門縣第一屆鄉鎮長選舉，選出鄉鎮長五人，投票率百分之九十九點一六。以上三項，分別爲記功二次，及記大功兩次。

四、六十年獲提報爲全國績優保舉人員：並經奉核定，定期召見表揚，後得中央通知，因故取消。

五、選派慶祝總統就職祝賀團副領隊：民國六十一年三月廿一日，蔣總統當選連任第五任總統，五月廿日在總統府舉行就職典禮，金門地區組成軍民祝賀團，民間計十人，領隊南雄師副師長擔任，余擔任副領隊，團員有黨政社團代表等有吳金贊、楊清國、唐敏智、楊誠玉、王金鎗、吳炯煒、陳再權、洪勤愼（女）、楊玉嬌（女）等十人。由司令官兼主任委員馬安瀾，及秘書長廖祖述，欲啓程前往擎天廳接見，前三天乘飛機赴台，暫住馬祖在台辦事處。作基本教訓、儀容檢查。當日總統就職，只有宣誓及發表就職文告，及接受各國政要大使晉覲，其他全國民間團體一律取消，我們甚感失望，其中有二、三位乘飛機返金，我們隨領隊南下高雄候船，余爲副領隊，以身作則，偕同七、八位團員，搭「太武輪」返金。

六、督導改建民眾育樂中心電影院，於六十年七月完成，鋼筋水泥房舍，座位七六〇位，爲黨營事業，放映電影，供軍民觀賞，並奉派兼任經理。

七、推薦國中校長，六十一年六月初，防區司令官兼主任委員，政戰部主任兼秘書長，任期即將屆滿，提前調整國中校長，除寧中校長蔡世炎任期未滿一年，不予更動外，其餘城中校長唐與程，沙中校長何之，兩人將離職回台，湖中校長唐敏智，調回金中任教，乃由秘書長召集縣長郝成璞，主委胡世元，金中校長戴華商議新校長人選，主委要我提供三人，給他提出參採，結果提三中二。城中校長由烈中校長俞瀛調任，沙中校長黃武仁新任，湖中校長洪文向出任，烈中校長由金中教師滕子清派任。

參加黨內初選

民國六十一年八月，中央宣佈，動員戡亂時期自由地區，增加中央民意代表名額選舉，後稱「增額」，立法委員、國大代表，沒有區別，金門縣增選國民大會代表一人，金馬地區（金門與連江）合選立法委員一人。於六十一年十二月廿三日舉行投票。中國國民黨，於八月十五日，戡亂時期，增額中央民意代表選舉，金門地區參加中國國民黨黨內登記候選人，國大代表有李錫發、洪榮華、翁志勵、許丕華、陳依煌、許金龍、傅維德、黃輝平、謝炳南九人。立法委員有李金塔、吳金贊、盧錫銘三人。

金門縣黨部，依中央黨部作業規定時程，辦理黨員投票，幹部評鑑，我當時任縣黨部書記，也是參加初選當事人之一。爲表「公正、公平、公開」原則。凡與選舉有關公文書、公文流程，我主動表示不經我看閱。至於投票評鑑結果，事前毫不知情、毫無所悉。感謝基層黨員同志的支持。

幸得中央提名

民國六十一年九月中旬，奉中央黨部核定，提名爲金門地區國大代表黨內候選人，經請示金門地檢處王首席丕儒先生，隨即於九月二十三日，辭去黨部書記職務，因當時對有關法令規定不熟悉，平白減少四個月又一星期（自六十一年九月二十三日至六十二年二月一日）俸給，按黨職屬於人民團體，不屬於公務機關體系，只需在行政登記後，辦理請假即可，將來當選後辭職或仍任職，可自由選擇，國大代表且可兼任官吏，現已事過境遷，無所謂了，僅附帶一敘。

當選國大代表

六十一年十一月三十日，依中央選舉委員會規定日程，向金門縣選舉委員會，辦理候選人登記，經報請中央審核通過後，公布爲正式候選人，在規定時間內，設置競選辦事處場所，舉辦政見發表會，分送文宣，請求選民支持。十二月二十三日，戡亂時期，增額中央民意代表，舉行投票，金門國大代表候選人謝炳南，金馬地區立法委員候選人吳金贊，二人皆爲同額競選，分別當選國大代表和立法委員，投票率達百分之九十四點一八。翌日除在金門日報，刊登謝啓，張貼「銘謝賜票」標語，並立即親赴各機關、學校、社團、鄉鎮、村里，謝票、感謝鄉親父老兄弟姊妹之愛護與支持，時間達二週之久。

獲王師凱接見

六十一年十二月廿六日上午，忽接縣黨部宋格非組長電話稱，國防部長官二十七日上午接見，入出境許可證已辦好了，急速趕往尚義機場搭機，當時正在金門衛生院謝票，隨即趕回料羅住家，換套西裝，同時叫內子持「限金門通用」的紙幣，向小店舖換些台幣，提攜簡單行李，叫車奔往機場乘機赴台。

王師凱，係國防部黨部化名，接見人員中，有台北市國大代表當選人喬寶泰、台北市立法委員當選人李志鵬，山胞立法委員當選人華愛、台灣省議員當選人蔡建生、金門縣國大代表當選人謝炳南、金馬地區立法委員當選人吳金贊。時間十二月二十七日（星期五）十二時五十分，地點在國防部會議室，接見長官：主任委員賴名湯一級上將（時任參謀總長），書記長羅友倫上將（時任總政治部主任），茶會中、當選人自我介紹各二分鐘，列席委員會議，出席長官各軍種總司令，當選人自

我簡介各三分鐘。

返程空中驚魂：十二月廿八日早，赴松山機場搭機返金，金中校長戴華與吳金贊兄搭乘第一架C一一九班機（人稱老母雞），第一架先起飛，我搭第二架C一一九機，相隔約十五分鐘，起飛不久，約在桃園中壢上空，飛機發生「空中放砲」，有點像人咳嗽聲音，且上下左右微些震動，右邊引擎冒火，如瓦斯火燄般閃爍，機工長起身察看，進入駕駛艙後，即關閉右邊引擎，僅左邊引擎在動，機身傾斜慢飛，已返回台北，不久已看見圓山飯店，自忖應該平安無事，落地後，眼看兩旁各有一輛消防車待命，俟飛機滑行至停機棚後，乘客急速下機，奔往候機室，飛機插上一小面紅旗子，拖離機棚，我們稍待一小時後，另換一架安抵金門。結束一次驚悚的飛行。

院長茶會招待

六十二年一月廿二日，來台領取當選證書，是日上午十時，在中山堂中正廳，由內政部長林金生，兼中央選舉委員會主任委員，頒發增額國大代表、立法委員當選證書。下午行政院長蔣經國先生，在行政院禮堂舉辦歡迎茶會，並與新當選國大代表、立法委員，握手言歡，至為親切，同時分批和與會人員合影，院長居中，兩旁有立法委員吳金贊、沈世雄、陳水亮、黃澤青等，國大代表有我與李友吉等，至感榮幸。

國民大會簡介

中華民國憲法，中華民國三十五年十二月二十五日國民大會通過，中華民國三十六年一月一日國民政府公布。中華民國三十六年十二月二十五日施行：全文計分十四章一百七十五條，緒文：「中華民國國民大會受全體國民之付託，依據孫中山先生創立中華民國之遺教，為鞏固國權、保障民權、奠定社會安寧，增進人民福利，制定本憲法，頒行全國，永矢咸遵」。依據憲法二十七條，國民大會之職權如左：

一、選舉總統、副總統。二、罷免總統、副總統。三、修改憲法。四、複決立法院所提之憲法修正案。關於創制複決兩權，除前項第三、四兩款規定外，俟全國有半數之縣市曾經行使創制複決兩項政權時，由國民大會制定辦法並行使之。

為適應動員戡亂時期需要，制定動員戡亂時期臨時條款，中華民國三十七年四月十八日，第一屆國民大會第一次會議第十二次大會通過。中華民國三十七年五月十日，國民政府通過，後經民國四十三年三月，四十九年三月，五十五年二月，五十五年三月、六十一年三月，國民大會會議修訂。中華民國八十年四月二十二日第一屆國民大會第二次臨時會第六次大會三讀通過廢止。

我於六十二年二月一日，持當選證書，至台北市中山堂，向國民大會秘書處辦理報到，受到國民大會秘書長陳建中的握手歡迎，並舉辦茶會，由處長報告國民大會歷史沿革及簡介，隨即行使職權，並任國民大會憲政研討委員會委員，奉總統聘任為光復大陸設計研究委員會委員。

為便於在台北中央所在地開會，及問政需要，和擴大為家鄉父老服務、孩子們就學方便，於二月中旬，偕內人兒女們來台，父母留在金門，給弟、弟媳照顧，後兩老每年來台住宿四至六個月，略盡孝心，長女也暫留金中讀高二。初在台北縣永和中正路四四二巷賃屋居住。六十二年農曆中秋節遷入台北市內湖區，內湖路二段一七九巷現址居住。

憲政研討委會

國民大會憲政研討委員會，依據組織綱要第十四條規定，由國民大會代表爲當然委員。研討委員會分爲：

第一研究委員會，研討有關憲法憲政及不屬其他研究委員會事宜。

第二研究委員會，研討有關內政事宜。

第三研究委員會，研討有關外交事宜。

第四研究委員會，研討有關國防事宜。

第五研究委員會，研討有關財政、經濟事宜。

第六研究委員會，研討有關教育、文化事宜。

第七研究委員會，研討有關交通事宜。

第八研究委員會，研討有關邊疆事宜。

第九研究委員會，研討有關僑務事宜。

第十、十一、十二研究委員會，爲住中部縣市、南部縣市、高市之委員，研討有關憲政事宜。

第十三委員會，研討有關司法事宜。

主任委員，由總統兼任，副主任委員谷正綱先生，並設常務委員十四人。編纂委員二十六人，秘書長由國民大會秘書長兼任，召集人四十人，每一委員會一～七人。兼秘書十九人。余兼第九委員會秘書。

憲研會平時有召集人兼秘書會議，同組研討委員會會議，每年二月、五月、八月、十一月綜合會議，及十二月的全體委員綜合會議，將研討會議結論，經總統兼主任委員核可，送交中央政府各部會參採。

光復設計研究

光復大陸設計研究委員會，委員以國民大會代表，為當然委員，外聘委員有各黨派人士、社會賢達、政府官員，均簽請總統聘任，至七十五年十月卅一日止，實有第一屆國大代表委員九六六人，非國大代表委員一〇〇人，共計一〇六六人。研究委員分為：

台北研究區：有內政組（一）、內政組（二）、內政組（三）。國際關係組。軍事組。財政組。經濟組（一）。經濟組（二）。教育文化組（一）。教育文化組（二）。交通組。司法組。邊疆組。僑務組。

台中研究區：有內政組。國際關係僑務組。軍事組。財政經濟組。教育文化組。邊疆組。

台南研究區：有內政組。軍事教文邊疆組。財經組。此外尚有通訊研究：認組

委員，未認組委員。

主任委員為薛岳將軍，副主任委員有袁守謙、陳啓川、楊毓滋三位。秘書長郭驥先生，另置編纂委員若干人召集人與兼秘書，平日分組，召開委員會議，研究方案草案，每年五月，十月召開兩次綜合會議，及十二月召開全體委員會議，通過設計方案草案，留存光復大陸之用。

行憲紀念大會

爲紀念中華民國三十六年，十二月二十五日，中華民國憲法施行。國民大會代表，於每年十二月二十五日，舉行慶祝大會，自二十二日下午，召開黨部全體黨員（中國國民黨）大會，二十三、二十四兩日，開光復大陸設計研究全體委員會議，二十五日紀念行憲大會（如儀程未完，廿八日再開會議一天）。二十六日、二十七日召開國民大會憲政研討會議兩天。討論通過國大年會，代表提案，及憲研會研討結論。光復會研究草案等事宜，爲國民大會一年一度的盛事。頗受社會各階層與輿論關注。

再次當選連任

依據中華民國憲法，第二十八條，國民大會代表每六年改選一次。距上次選舉期間六十一年十二月將屆，中央訂定於六十七年十二月廿三日，選舉國大代表，及立法委員。中國國民黨依黨內登記提名時程，辦理參選者黨員投票及幹部評鑑等工作，我仍經中央核定提名，一切依黨政，中央選舉委員會規定辦理，十二月九日起，舉辦政見發表會，十二月十六日下午二時，原在金沙鎮三山村村公所（碧山）舉行。我與立法委員候選人，及宣傳車，助選人員已先期到達現場，卻不見金門縣政府有關人員蹤影，正在疑惑中，忽接縣府民政科電話謂：選舉立即停辦，政見發表會取消，兩位候選人即刻返回競選辦事處，拆除有關設施。原來是美國與中共政權宣布建交之故耳。隨後總統發布緊急命令，中央民意代表選舉延期，原來民意代表繼續行使職權，至下次選出者就任時爲止。

民國六十九年八月間，中央政府宣佈，國內政情穩定，美國與中共建交後的情況，已減低衝擊，恢復中央民意代表選舉，於十二月六日投票選舉。稍後中國國民黨主席蔣經國先生，在一次中常會裁示。凡在六十七年獲中央提名同志，仍然提名參選，除非他沒意願，或有其他因素不能參選者，另由中央提名替代人選。我和吳委員金贊兄兩人均為同額競選，於十二月六日舉行投票，與吳委員雙雙當選連任，投票率百分之九六點六七。

獲當選連三任

民國七十五年，辦理增額國大代表、立法委員選舉，金贊兄於七十五年六月二十二日，榮任福建省政府主席、立法委員、中央提名時任金門縣黨部主任委員黃武仁兄，國大代表我仍獲中央提名，參與選舉。在行政登記時，武仁兄爲同額參選。國大代表，則有黃積軍參選，形成兩人競選，選舉較以往兩次激烈，但全程仍保持君子風度，和諧守法，十二月六日舉行投票結果國大代表由余當選連任，立法委員黃武仁當選，投票率百分之八七點二八。

建議台金民航

余於民國七十五年，十二月六日，國民大會代表，立法委員選舉中，經投票結果，三度當選連任，在金門家鄉向父老兄弟姊妹們，銘謝賜票，自十二月七日起，至同月十七日止，計達十一天，十八日搭機來台、出席十二月二十二日到二十八日，所舉行國民大會代表年會、光復大陸設計研究委員會議，暨憲政研討委員會議，二十三日上午，利用會議休息時程，先電話連繫，時任國防部總政戰部行政室主任、陳興國上校，他後來曾任金門防衛司令部、政戰部主任，兼政委會秘書長，及聯勤總部，陸軍總部政戰部主任、晉升中將，後任總政戰部副主任兼執行官，現已屆齡榮退，早在五十八年三月，他在金門軍中，同為出席中國國民黨十全代表大會時相識，先經電話連絡，表示我要面見主任許歷農上將，請他轉陳，約定時間，隨獲應允，遂於當日上午十一時、由台北市中山堂會場，步行至博愛路，自總統府介壽館後門登樓，由陳興國先生引見許上將，見面時施禮，特別感謝主任的提攜和關愛，主任說：「老弟這次在金門選舉你辛苦了。」聽了特別親切，溫馨與窩心。我接著向主任面陳，這次選舉競選期間，聽了金門地區父老心聲，對於改善台金空中交通，開放民航機飛行，至爲殷切與期盼，已到了刻不容緩的地步。主任回覆說：「國防部亦已注意這個問題，已經積極與有關部會在連繫協調中、快則半年，慢則一年內，即可開放民航」。余聽了至感興奮，頻向主任稱謝，輕鬆愉快的辭出，高興的自覺不虛此行。

爾後常電詢戰地政務處處長藍世彬及有關幕僚，答覆說：快了正在作業中等等，果於民國七十六年、九月八日，由遠東航空公司、七三七客機試航成功，九月十一日，遠東航空公司波音七三七客機正式首航，起先每週飛行三班次，後增爲五班次，七班次，同年十一月二十七日起，固定每天一班次，如遇天候不良停飛，次日下午補飛，初期機票造成搶購熱潮，甚至一票難求，使台金空中交通，邁向新的里程，民眾往返台金稱便，幾十年的期盼，多年的心願，終於實現達成，我忝爲中央民意代表，曾屢次提案建議呼籲，終於有了結果，內心高興與欣慰，何可言喻？

爾後又有復興、馬公、大華、國華、瑞聯、立榮、華信航空公司，加入台金線，並增飛高雄——金門，台中——金門，台南——金門，嘉義——金門線，現復興、立榮、華信三家航空公司，每天飛行來回有數十班次，年節亦增開加班機，以滿足搭機民眾需求，政府開放金門觀光、金門與大陸「小三通」，更彰顯空中交通之重要性了。

歷次大會成就

依據中華民國憲法第二十八條：國民大會每六年改選一次，每屆國民大會代表之任期，至次屆國民大會開會之日爲止。第四十七條：總統、副總統之任期爲六年，連選得連任一次。第一屆國民大會，第一次會議，於民國三十七年召開，第二次會議於四十三年召開，第三次會議於四十九年召開，第四次會議於五十五年召開，第五次會議於六十一年召開，一至五次會議，余尚未選任代表，不列入記述範圍，謹記第六次至第八次會議，三次臨時會議如左：

第六次會議：於民國六十七年二月十九日至三月二十五日，在陽明山中山樓召開會期三十五日，會議依議事日程進行，計開大會十四次，三月二十一日選舉總統。蔣經國先生以一一八四票，當選第六任總統。三月二十二日選舉副總統，謝東閔先生以九四一票當選副總統，三月二十五日閉幕。

第七次會議於民國七十三年二月二十日至三月二十五日，在陽明山中山樓召開，會期三十四日，計開大會十六次。三月二十一日選舉總統，蔣經國先生以一〇一二票當選連任第七任總統。三月二十二日選舉副總統、李登輝先生以八七三票當選副總統。三月二十五日閉幕。

第八次會議：於民國七十九年二月十九日至三月三十日，在陽明山中山樓召開，會期四十日，計開大會十三次，三月二十一日選舉總統。李登輝先生以六四一票當選第八任總統。三月二十二日選舉副總統，李元簇先生以六〇二票當選副總統，三月三十日閉幕。

第二次臨時會：第一屆國民大會第二次臨時會，於民國八十年四月八日，至四月二十四日，在陽明山中山樓開議。會期十七天（第一次臨時會，於民國五十五年二月一日至二月八日，會期八日在此附註）。計開大會六次，審查會五次，於四月二十二日上午，三讀通過，中華民國憲法增修條文十條。同日中午時分，三讀通過廢止動員戡亂時期臨時條款，四月二十四日閉會，咨請總統八十、四、三十華總（一）義字第二一一八號：茲依據動員戡亂時期臨時條款第十項之規定，宣告動員戡亂時期於中華民國八十年五月一日終止。

第二屆國民大會臨時會：於民國八十一年三月二十日，至五月三十日，在陽明山中山樓開議。會期七十二天。計開大會二十七次，審查會十次。本次會議第一屆老代表，已全部退職，由七十五年十二月選出之增額代表，及依據第一屆第二次臨時會，於八十年四月二十二日通過，憲法增修條文第五條，國民大會第二屆國民大會代表應於中華民國八十年十二月三十一日前選出，第二屆代表已於八十年十二月二十一日選出。所以兩者皆代表新民意。金馬地區出席代表，金門有謝炳南、陳允火、楊肅元三人，馬祖（連江）有陳仁官、楊綏生、王慈官三人。五月二十七日上午，三讀通過中華民國憲法增修條文，第十一條至十八條。

主要條文有第十二條：總統、副總統由中華民國自由地區全體人民選舉之，自中華民國八十五年第九任總統、副總統選舉實施。俗稱總統副總統直選。……任期由原任六年，改為四年。第十三條：司法院設院長副院長各一人，大法官若干人，由總統提名，經國民大會同意任命之，以前憲法規定，由總統提名，經監察院同意任命之。第十四條：考試院設院長、副院長各一人，考試委員若干人，由總統提

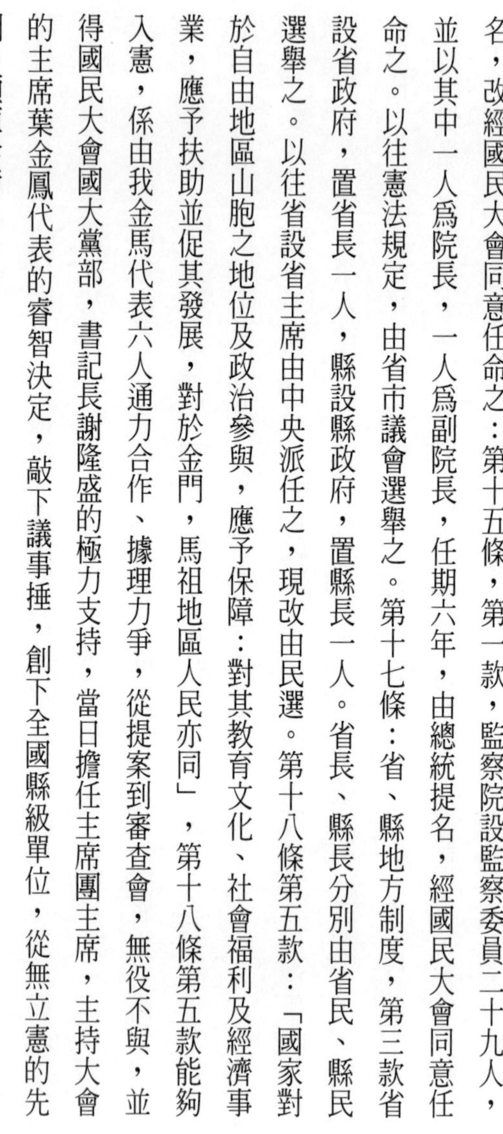

名，改經國民大會同意任命之：第十五條，第一款，監察院設監察委員二十九人，並以其中一人爲院長，一人爲副院長，任期六年，由總統提名，經國民大會同意任命之。以往憲法規定，由省市議會選舉之。第十七條：省、縣地方制度，第三款省設省政府，置省長一人，縣設縣政府，置縣長一人。省長、縣長分別由省民、縣民選舉之。以往省設省主席由中央派任之，現改由民選。第十八條第五款：「國家對於自由地區山胞之地位及政治參與，應予保障：對其教育文化、社會福利及經濟事業，應予扶助並促其發展，對於金門，馬祖地區人民亦同」，第十八條第五款能夠入憲，係由我金馬代表六人通力合作、據理力爭，從提案到審查會，無役不與，並得國民大會國大黨部，書記長謝隆盛的極力支持，當日擔任主席團主席，主持大會的主席葉金鳳代表的睿智決定，敲下議事捶，創下全國縣級單位，從無立憲的先例。頗値珍惜。

第二屆國民大會第二次臨時會，於民國八十一年十二月二十五日，至民國八十二年一月三十日，在陽明山中山樓開議，會期三十七天，計開大會九次，審查會五次，於民國八十二年元月十五日第七次大會，行使監察委員同意權，於下午十時四十五分開始投票，下午十一時二十九分，繼續投票，再延後十分鐘，又延後十分鐘，至下午十一時五十分投票終止（下午十一時五十分）。十六日零時七分，唱票結束（十六日上午四時八分）。開票結果：獲同意者：陳履安、鄭水枝、吳水雲、李伸一、林孟貴、林秋山、柯明謀、胡開誠、殷章甫、康寧祥、張德銘、梁尚勇、許新枝、陳光宇、陳孟鈴、陳金德、陳進利、黃肇珩、黃鎭岳、翟宗泉、趙昌平、趙榮耀、謝孟雄、謝昆山、羅文富等二十五人，依法同意爲監察院第二屆監察委員，並同意陳履安爲院長，鄭永枝爲副院長，另被提名人洪茂俊、秦茂松、許國良、陳永興等四人因未獲法定同意票數，依法不同意其爲監察院第二屆監察委員。元月卅日上午十時五十一分閉會。

【第肆章】

獲獎殊榮　退休抒感

獲頒光華獎章

民國八十二年元月三十日，上午八時卅分，就是第二屆國民大會第二次臨時會閉會前，亦是我任代表廿年，任期屆滿前夕，任滿卸職爲元月卅一日，接受中央黨部主席李登輝頒給「光華獎章」乙枚，八十二國字第〇〇一號，中國國民黨中央委員獎章證書：「謝炳南同志擔任第一屆國民大會增額代表期間出席歷次重要會議貫徹本黨決策達成中央交付任務對鞏固國家領導中心奠定五權憲政宏規卓著功績特頒發光華獎章壹座用資表彰」，主席李登輝，中華民國八十二年元月三十日。由李主席親爲佩掛我的胸前，甚感榮寵。同時受頒者，還有同任廿年者，代表喬寶泰（台北市選出），吳修量（雲林縣選出）。頒贈典禮在陽明山的革命實踐研究院禮堂，受邀觀禮者，有增額黨籍代表六十餘人。並與主席合影留念。隨即出席第二次臨時會議閉會典禮，下午六時三十分，國民大會秘書長陳金讓等在台北市晶華酒店，舉辦歡送餐會與晚會。秘書長贈送任期屆滿「功在憲壇」獎牌乙個，照相機乙台。國民大會黨部書記長謝隆盛，致贈「宏揚憲政」銀盤乙個。會中並邀請影歌星張俐敏小姐、大小百合姊妹歌唱助興，情況熱烈，廿年國大代表，劃下完美的句點。

榮獲華夏獎章

民國八十年十一月，獲中央委員會八十組字第〇一四六號獎章證書：「謝炳南同志在第一屆國民大會第二次臨時會議期間執行本黨決策圓滿達成任務卓著功績特頒華夏三等獎章壹座以資激勵」，主席李登輝。

民國八十一年十一月，再獲中央委員會八十一秘肆字第二三四號獎章證書「謝炳南同志於第二屆國民大會臨時會期間執行本黨決策圓滿達成任務著有貢獻特頒給華夏三等獎章壹座以資激勵」，主席李登輝。

中央頒給獎狀

民國七十三年六月，中央委員會七十三組字第〇一二〇號：「謝炳南同志在國民大會第七次會議期間貫徹執行本黨決策成績優良圓滿達成任務殊堪嘉許特頒獎狀以資激勵」，主席蔣經國。

民國七十五年四月，中央委員會七十五組第〇〇九二號：「謝炳南同志參與七十四地方公職人員選舉輔選工作圓滿達成任務著有績效特予頒給獎狀以資鼓勵」，主席蔣經國。

國大代表廿秋

余自民國六十二年二月一日，就任國民大會代表，至民國八十二年元月卅一日，任期屆滿卸職，計二十年整，計三任十八年（每任六年），外加民國六十七年至六十九年，因中美斷交，延任二年。在這二十年間，出席第六次大會。民國六十七年三月，選舉蔣經國先生爲中華民國第六任總統，謝東閔先生爲副總統。七十三年三月第七次大會，選舉蔣經國先生爲第七任總統，李登輝先生爲副總統。七十九年三月第八次大會，選舉李登輝先生爲第八任總統，李元簇先生爲副總統，第一屆國民大會，第二次臨時會，於八十年四月召開，四月三日通過「中華民國增修條文十條」。又廢止「動員戡亂時期臨時條款」。又於民國八十一年四月第二屆國民大會代表臨時會議，通過憲法修文第十一條至十八條增修條文，同年十二月第二屆第二次臨時會，通過監察委員人事同意權。

在三次大會及三次臨會，每年國大年會提案計一百一十餘案，爲增額代表提案最多的一位，出席憲政研討會議綜合會議、委員會、兼秘書會等將近百次，提出研討結論一千餘案，送政府部會參採。出席光復大陸設計研究委員會議六十餘次，提出設計研究方案數百案備用。

感激感恩感謝

炳南承蒙黨國栽培、各級長官之愛護提攜，以及我金門地區父老兄弟姊妹們三次的鼎力支持，幸獲三次當選國民大會代表，任期達二十年，內心感戴無以言宣。迄今仍未忘懷，在任期中，秉承中央決策，弘揚民主憲政，鞏固領導中心，致力國家建設，以國家利益爲前提，以全民福祉爲依歸，審視地方需要，以熱心、誠意、踏實、虛心、討教，盡心盡力爲地區父老服務、轉達民意、善盡職責，藉以報答父老的恩惠，不負父老的期望與付託。

國民大會每年十二月二十五日，行憲紀念大會上，及出席三次選舉總統大會，三次臨時會議，針對地方需要，父老之需求，提案一百餘案，經大會通過，送請政府辦理並答覆，以往每回均請由「金門日報」社在報刊登出，其中較爲重要謹列數端已獲實現者有：在金門設立電視轉播台；改善台金海上交通；七十三年四月，空軍改飛七二七班機；七十六年九月，准許「遠東」民航機，飛行台金線；改進醫療設施，設立「花崗石」醫院；補助基層建設經費，在金門設立大學聯考考區，將省立金門高中、高職改為國立；建議將金門電力公司與台電合併，統一電價；設立國家公園，建議開放民間電話等。由於我任內，適在金門地區實施戰地政務期間軍方態度保守，每以安全顧慮為由，致台金空中交通嚴重落後，醫療設施、自動電話、地方選舉、縣長選舉延至八十二年才實施，落後台灣地方自治達四十年之久。尤在戰地政務期間，訂定許多不合理的單行法規，限制民眾的自由與權利，最為民眾詬病政府不能及時鬆綁化解，使金門地區停留在威權時代，阻礙了進步與發展甚感遺憾。

服務甘苦漫譚

國父孫中山先生說：「人生以服務為目的」。忝既為民意代表，自當竭盡所能，為民喉舌、為民服務，服務、服務，還是服務。在代表任期中，曾接獲父老之請託，只要在能力所及者，莫不全力以赴，期於完滿達成，甚至日有所思，夜有所夢，性急的我，午夜夢回，尤繫腦際。直到達成所託有結果，方放心釋然，茲舉數端：

安排機位——自民國六十二年二月至七十六年九月九日後延至十一日。遠東航空公司，波音七三七客機首航止，在這十四年又七個月中，為金門父老代為安排機位達數百人次，眞是五味雜陳皆舔，辛酸苦辣備嚐，彎腰作揖有之，凡此無他，只求達到目的，鄉親順利成行而已。蓋因台金空中交通，均由軍方軍機擔任，自早年的B46、47、C119、C54、C123、130——到B727機型，七十三年四月七日正式開航，由於機位少，僧多粥少，故一位難求，國防部又不早爲解決，致民怨日深，位於羅斯福四段巷內的公館，外島服務處，成爲我常光顧洽辦之所。因我一向心急，遇有父老請託，即將入出境許可證，持往外服務，請託組長（連絡官），今天拿去，明天又有人請託，只好硬著頭皮又去了。他說：昨天拿來還沒走，你又再次拿來了，只好對他苦笑罷了，以C119機型，每架載客只三十餘人，大都以軍官爲主，民眾有縣政府公務人員、華僑、外賓等。除每月五日十九日，號稱政委會班機，容納人數較多外，而平日有時連一位民眾都沒了。有時讓父老久等，我也無可奈何，只能說：對不起，很抱歉，請您們原諒。

慰問嘉勉——每年十月雙十節，中樞舉行國慶閱兵大典，我金門男女自衛隊，來台參加，進駐台北市學校，即主動會同台北市縣、金門同鄉會，及立法委員前往慰勉，致贈加菜金，除個人贈致慰勞金外，多次並策動閩籍老代表，每人五〇〇元，或一、〇〇〇元，並派代表參與，以示關懷。歷年來台參加少棒隊比賽，參加台灣區運動，或黨政、社團組隊來台參觀訪問，或致贈慰問金，或邀宴餐會。

婚喪喜慶——每逢鄉親有娶媳嫁女，受邀證婚，均致喜幛中堂慶賀，住台北地區，大都親往祝賀，甚至遠赴高雄嘉義。有喪者，致悼輓額輓幛。親臨墳地點主。金門地區則委託各鄉鎮民眾服務站代辦。

慰問病者——凡經後送來台診療病人，如接電報，請託者趕赴機場接機，或事後得知，皆往三軍總醫院、榮民總醫院等探視，致贈營養品。

意外事件——鄉親遇有意外事件，受到傷害，發生糾紛情事，有時會同同鄉會有關人員，前往關照處理。獲得完滿解決。其他服務事件，無法在此一一陳述……。

革研院實踐班

民國七十五年，二月二十四日，至四月十八日，赴革命實踐研究院實踐研究班廿一期受訓，地點在陽明山中山樓下方，「梨洲」、「舜水」樓旁。全班學員廿九人，男二十七員，女二員，班主任蔣主席經國兼、副主任吳俊才先生、教育長崔德禮、教務處長金開鑫、輔導處長沈順治，輔導委員鄭森雄。一週上課五天，星期一早上山，星期五下午回家，男學員住「梨洲樓」，每人住單房，每天有內務檢查，整齊優良者，在床頭枕頭上，放置玫瑰花一朵，以示獎勵。女學員住女生宿舍。每日早六時起床，盥洗後集合升旗，早操，八時上課，講座由中央黨政元老，中央部會首長，專家學者講授，課程有總裁訓詞、主席講話、三民主義、本黨政綱、政策，有關內政、外交、國防、財經、交通、法務、僑務等重要措施，小組討論，每人須交研究員自述，「如何加速國家之整體進步」，「如何提升法治觀

念」，「重建倫理道德加速國家進步」，「中央民意機關黨政關係運作的研究報告」四篇，和結業報告乙篇，視同結業論文，在結業前夕，乘專機赴金門參觀，在金住宿一天返台，四月十八日結業，珍重再見，各自返回工作崗位。

參加十三全會

中國國民黨，第十三次全國代表大會，經黨中央第十二屆中央委員會，常務委員會第三三〇次會議決議，依照故主席經國先生生前提示，於中華民國七十七年七月七日，在台北市舉行，中委會於四月一日通知，嗣由各種黨部選舉出席代表，炳南於五月十五日，在國民大會代表黨部當選出席代表，至表榮幸，得有機緣出席這一歷史盛會，尤感光榮。

本黨第十三次全國代表大會的舉行，正是開創一個關鍵性的新階段，爲使本次大會達成「承先啓後，繼往開來」的歷史使命，在會前利用各種方式爲黨建言，廣徵黨內同志、學者專家、社會賢達等意見，匯聚全民願望，決定大會五大重要議題：「有關本黨主義與思想案」、「有關本黨政綱政策案」、「有關大陸政策案」、「有關本黨黨務革新案」、「有關本黨黨章修正案」，作爲大會研決主題。

這次大會會徽，以青、白日黨徽，下有十三顆三角鑽石襯托於下，象徵著青天白日、純潔光明；十三顆鑽石，代表十三次全會，堅實永恆、光芒萬丈、堅如磐石。千秋永著，萬世丕基，既有過去光明的歷史，亦有燦爛的未來，寓意深遠。

第十三次全會的召開，是一次薪火相傳、繼志承烈，成功的集會，正如會場所標示：「革新求進步，奮鬥爭千秋」，今後從黨務的革新，帶動了社會行政的革新，促進國家的富強進步。

開會典禮會前上午七時卅分，赴國父紀念館向總理致敬，於七月七日（星期四），上午九時卅分，在台灣省台北縣林口中正體育館隆重舉行，出席有黨國大老、全國政要、部會首長，和出列席一千六百二十七人的全會本黨菁英。李代主席登輝致詞言賅意懇，勗勉與會代表，遵循　總理、總裁，和蔣故主席爲國爲民的遺志，共策共勉，並祝大會順利成功。隨著由行政院俞國華院長政治報告。繼由李煥秘書長黨務報告，慈湖謁靈結束了第一天議程。

第二天，七月八日上午九時，在陽明山中山樓中華文化堂，舉行預備會議，通過議事日程。主席團主席在第一次大會時，中央婦工會指導長蔣夫人，宋美齡女士蒞會致詞，由李秘書長代爲宣讀書面講話，其中有所謂「老幹新枝」名言。離場時博贏得全體代表起立致敬，博得掌聲恭送。隨後選舉主席，李登輝同志，以絕大多數起立贊成。

七月十二日下午一時，舉行第八次大會，選舉第十三屆中央委員，李煥同志等一八〇人當選中央委員，金門籍福建省主席吳金贊同志，以高票當選中央委員，李源泉等九〇人當選中央候補委員。本次大會會期八天，計開十次大會，通過一般提案一、五二一件，十三日下午五時閉會，會後有餐會，及在中華體育館觀賞晚會，節目由張小燕小姐與趙怡先生主持，節目有「信心與期望」、「同唱中華」、「歡慶豐收」、「田園組曲」、「萬眾一心」、「歌聲飛揚」、「精忠報國」、「四海歸心」、「承先啓後」、「勝利成功」等十個。參加演出有名歌星、名演員：劉福助、池秋美、陳小雲、葉啓田、鄒美儀、澎恰恰、王芷蕾、吳靜嫻、陳淑華、葉璦菱、凌波、張復健、李陸齡、文章、楊燕、成明、甄妮等，演出精彩，雖曲終人散，但仍繞樑三日。

七月十四日上午九時卅分，舉行十三屆一中全會，我以國民大會代表黨部常務委員列席，通過由主席提名中央常務委員謝東閔等卅一名，獲得一百八十位中央委員，舉手通過。李主席提名由李煥續任中央委員會秘書長，宋楚瑜、高銘輝、馬英九續任副秘書長，完滿達成第十三屆全會任務。

福建省府服務

民國七十六年八月，渥蒙吳主席金贊邀約至省府，任簡任職階秘書，參贊機要，承辦主席公私信函撰擬，及研訂收復福建省方案，斯時我尚擔任國民大會代表，按國大代表可任政府官吏，不像憲法第七十五條規定：「立法委員不得兼任官吏」之限制，余在省府不另支薪，仍領一份國大代表俸給，況省府地址在台北新店市，辦公往回尚稱方便，對於服務父老案件，既可並行不悖，亦無窒礙之處，住家與辦公處所，電話通訊暢通無阻，且可擴大服務領域，乃欣然答應，感謝吳主席的提攜與厚愛。吳主席是在民國七十五年六月廿二日，由立法委員出任福建省主席，就職伊始，原有省府委員並未太大更動，只秘書長由軍中退伍的王恕民備役少將出任，原任秘書長卓高煊改任委員，省府置委員十一人，吳金贊兼主席，王恕民兼秘書長，卓高煊、林秀欒、蔡喆生、連澤民、林作梅、廖從雲、游松青、柯叔

寶、陳德規。其中只有三人有給職，其他八人均爲無給職，每月僅領些交通車馬費，不住府辦公，每年參加二次委員會議而已。

民國七十七年八月十五日，蒙吳主席的厚愛和拔擢，提報我爲省府有給職委員，事先他並未對我言起，直到總統府命令到達，才安排宣誓就職，中華民國七十七年，八月十五日，簡字第四〇二一四號，任命令：「任命謝炳南爲福建省政府委員」，總統李登輝、行政院院長俞國華（因公出國），副院長施啓揚（代行），感謝吳主席知遇之恩，我續在省政府服務，仍不另支薪，擔任有關研究設計方案，協辦此業務，每日按時上下班，遇有國民大會會議，憲政研討會議，光陸大陸研究會議，一天以上者，憑會議通知單辦理請假，一天以內者，口頭向主席或秘書長面報即可，多年來一切順利無礙。爲民服務事件，照常辦理。

七十九年五月，配合總統就職，內閣改組，省府全體委員依例請辭，吳主席對委員作大幅異動，嗣奉核定，主席吳金贊，秘書長王恕民，委員謝炳南留任，原任委員卓高煊、林秀欒、蔡喆生、連澤民、林作梅、廖從雲、游松青、陳德規等八人請辭照准，新任委員由吳孝先、連龍輝、陳重華、張貞松、吳東權、黃肇珩、陳仁官、王壽南接任。

八十一年十一月七日，金馬戰地政務終止，實施三十六年又二個月之久所謂戰地政務實驗，終於劃下休止符，金門連江兩縣回歸省府管轄，遂由福建省政府，令派陳水在爲金門縣縣長，曹常順爲連江縣縣長。原金門諮詢代表會會長盧志權爲臨時縣議會議長，原連江縣諮詢代表會會長陳振清爲臨時縣議會議長。民國八十五年，元月十五日，福建省政府由台北新店，搬回金門辦公，地址在金城鎮南門民權路卅四號，原爲金門縣圖書館，炳南也隨府回金。

八十五年五月，省府又作局部改組，主席吳金贊，秘書長王恕民，委員謝炳南、吳孝先、陳仁官、陳重華六人留任，新任委員，由黃武仁、吳雪山、陳國春、陳炳仁、楊崇森五人出任。保持省政正常運作。

民國八十七年二月十日，吳主席金贊榮調總統府國策顧問，任期計十一年八個月（七十五年六月至八十七年二月）。秘書長王恕民先生隨吳主席請辭離職，新任主席由本縣籍，陸軍總司令部副總司令顏忠誠中將接任。中央派內政部長林豐正來金主持布達監交。不久省府委員略作調整，原置委員十一人，依照新頒組織規程，

減少為九人，主席顏忠誠，秘書長曹常順，委員謝炳南、陳仁官、黃武仁，兼任委員吳雪山、陳重華、陳國春三人，稍後專任委員，由黃廷川將軍接缺。余蒙顏主席厚愛繼續留任，追隨任事，至為感戴。

顏主席照顧部屬，充分信任授權，分層負責，由秘書長綜合，四位住府委員，黃委員武仁核第一組及人事室稿，余核第二組及訴願審議委員會稿，黃委員廷川核第三組、主計室和政風室稿，陳仁官委員兼任駐台辦事處主任。分工合作，使省政順利運行。

政院頒授獎章

余自民國七十七年八月，出任福建省政府委員，至八十三年服務已達五年，於八十三年六月十六日，在行政院禮堂，接受院長連戰親頒三等服務獎章，獎章證書台八十三人政考字一九四〇〇號：「茲以福建省政府委員謝炳南連續任政務職位滿五年著有勞績，依獎章條例之規定，特頒給三等服務獎章，此證，院長連戰。中華民國八十三年五月二十八日」。

至民國八十八年服務已達十年，於五月十三日，在行政院禮堂，接受院長蕭萬長親頒二等服務獎章，獎章證書台八十八院人政考字第二〇〇二四二號：「茲以福建省政府委員謝炳南連續任政務職位滿十年著有勞績，依獎章條例之規定，特頒給二等服務獎章。此證。院長蕭萬長，中華民國八十八年四月二十二日」。

民國八十九年五月十五日，榮獲行政院頒給三等功績獎章，獎章證書，台八十

九人政考〇一〇五一八號，「茲以福建省政府委員謝炳南研訂福建農業建設方案設計，並推行省政業務，著有功績，依獎章條例之規定，特頒給三等功績獎章。此證。院長蕭萬長」。於同月二十八日由顏主席在省府代為頒授。此為福建省政府，及金門地區公務人員獲得「功績」獎章殊榮的第一人。

任公職四十年

我自民國四十九年六月，國立台灣大學法學院政治系畢業，步出校門。同年十月十六日，奉召入伍服預備軍官役，先至北投復興崗，政工幹部學校，為期十二週分科教育，五十年元月初畢業，分發陸軍第三軍七八三通信兵營，架設第一連任連幹事，兼代指導員，官拜陸軍政戰少尉。同年十月十五日役畢退伍，役期一年（四十九年十月十六日至五十年十月十五日）。

歷任軍、教、教育行政、黨務、教育主官、黨務、中央民意代表、比照特任、簡任官、政務官垂四十年零一天，尚不計四十八年七月至十月的大專暑期集訓三個月在內。

五十年十月十七日，任職高雄縣立阿蓮初級中學，教師兼管理組長（五十年十月至五十三年七月卅一日），計二年十個月。

五十三年八月一日，任金門縣政府中等教育股股長（五十三年八月至五十五年五月十五日），計一年十個月。

五十五年五月十五日，轉任金門縣黨部組長（五十五年五月至五十六年七月），計一年二個月。

五十六年八月一日，出任金門縣立金沙國民中學校長（五十六年八月至五十九年七月），計三年。

五十九年八月，回任金門縣黨部書記，五十九年八月至六十一年九月二十三日獲中央提名，競選國民大會代表辭職，計二年二個月。

六十二年二月一日，就任國民大會增額代表，自六十二年二月，至八十二年一月，每一任期六年，連選三任十八年（另六十七年中美斷交延任二年），共二十年。七十六年八月任福建省政府簡任秘書一年，七十六年至七十七年七月。

七十七年八月十五日任福建省政府委員，屬政務官職，其中四年五個月，國大代表與省府委員重疊，既是代表，又是委員，國大代表可兼任政府官吏，但不另支薪。至民國八十九年十月十七日，辭職奉准，辦理退休，計任福建省政委員十二年又二個月，歷經六任行政院長，自俞國華、李煥、郝柏村、連戰、蕭萬長、唐飛。是我任公職第二長時間。

追隨二位主席

吳金贊主席，福建省金門縣金城鎮人，台灣省立台中農學院森林系畢業（現國立中興大學），國立中興大學森林學碩士，私立文化大學國家哲學博士，曾任金門縣政府建設科股長，金門縣林務所所長，立法委員四任十三年四個月，博學多能、大智若愚、黨政關係良好，七十五年六月二十二日，榮任福建省主席，至八十七年二月十日，離職轉任總統府國策顧問、主席任期，計十一年八個月。重要政績有：提昇省府知名度，使原蟄伏新店，嶄露頭角。聯絡同鄉會社，定期舉辦表揚餐會，廣聘研究委員，提供省府建言，研議光復方案六十餘案。創辦「閩園雜誌」。策辦省府遷回金門，整修辦公廳舍，修繕員工宿舍，訂定多種法令規章，頒佈實施，爭取擴大員工編制等，余追隨十年六個月。

顏忠誠主席：福建省金門縣金城鎮人，陸軍軍官學校三十一期畢業，陸軍指參學院戰術研究班，三軍大學戰爭學院，兵學研究所，歷任軍中觀察官、連長、營長、師砲兵指揮官、師參謀長、三一九師長、金防部參謀長、新竹軍軍長、晉升中將、花東防衛司令、馬祖防衛司令部司令官、陸軍總司令部參謀長、金門防衛司令部司令官、陸軍副總司令，文韜武略，運籌帷幄，資歷完整，且任外島馬祖，金門防衛司令官，理應晉任上將，方爲合理，竟在中將就退伍，金門父老及余，爲之抱屈，不過榮膺福建省政府主席，乃爲特任官，與中央部長同列，有官拜上將，一級上將者，亦不過如此，主席可釋懷了，主席於八十七年二月十日接任，至九十六年五月二十一日。因行政院政策，對省府組織規程變更，未派主席，已規劃由行政院秘書長或政務委員兼任而卸職，計任期九年三個月。重要政績有：揭示「省縣一家，金馬並重，地方一體」，設計創立「省旗省徽」，象徵八閩同心，使省政府與海內外，前後方軍民一體，一樓大廳精神佈置「立足金馬，胸懷八閩，跨越兩岸，共創和平」，是何等壯志寬宏。改建三樓辦公室，美化周圍環境，爭取中央寬列預算，補助兩縣各鄉鎮基層建設，宣慰海外僑胞及各地區同鄉會，安老撫幼，救助急難。出刊《省政紀要》，辦公室電腦化等。余追隨二年八個月。

出國考察旅遊

自六十年代以來，國人出國旅遊日眾，後來開放赴大陸探親，亦絡繹於途，而政府官員、民意代表、工商企業界人士，訪問考察團隊，出國熱潮，已到了無遠弗屆的地步。考察各國政治制度，瀏覽各國別具風格的名勝古蹟，藉以增廣見聞，充實自己知識，確有必要，余於國大代表任內，曾三次出國考察旅遊，私人出國亦不在少數，茲誌如下：民國六十八年九月廿六日，自費赴新加坡考察，宣慰僑胞，探望金門籍鄉僑和宗親親朋戚友，為期二十六天，回國撰述《星洲行》於金門日報副刊連載三天（六十八年、十一月十七～十九日）。七十一年十二月十七日，至七十二年元月五日，為期廿天，偕荊內隨同金門縣商業會東南亞訪問團，擔任副領隊，赴菲律賓、馬來西亞、新加坡、泰國、香港，四國五地，參觀訪問旅遊，返國撰述《東南亞之旅》，在金門日報副刊連載。民國七十二年七月五日～八月四日，爲期卅一天，國民大會代表組團前往歐洲考察訪問，到過英國，意大利、梵諦岡、奧地利、瑞士、德國（西德）、法國、西班牙、荷蘭、比利時、丹麥等十一國，返國後撰《歐洲考察見聞》，在金門日報副刊連載。民國七十七年十月卅一日至十一月二十六日，行程二十七天，由國大代表組團，赴中南美洲考察訪問，拙荊同行，途經美國洛杉磯，首站瓜地馬拉，經由哥斯達黎加、巴拿馬、多明尼加、委內瑞拉、秘魯、智利、阿根廷、巴拉圭、巴西等十國，回國後撰《中南美洲十國巡禮》，在金門日報副刊連載。民國八十一年八月二十三日，至九月九日，爲期十八天，國大代表又組團東北歐之行，參訪國家有丹麥、挪威、瑞典、芬蘭、蘇俄聯合國協、愛沙尼亞、拉脫維亞、立陶宛等八國，並以泰國首都曼谷、奧地利首都維也納、希臘首都雅典爲過境地。歸國後撰《東北歐遊蹤》，在金門日報副刊連載。

余自公職退休後，曾偕內人及女兒，赴美國洛杉磯，探望女兒女婿外孫，峇里島旅遊，又同遊日本東京、名古屋、琉球、北海道等地。

歷年寫作零掇

僕喜利用空暇或公餘時間，用禿筆寫些記述拙文，在報刊，「閩園雜誌」，同鄉會刊物登出，歷年來有：「我所知道同鄉會」。「與金門旅台大專同學共勉」。「星洲行」。當選感想與抱負。「觀照片憶往事」。「永恒的敬仰與感念」。「金門中學旅台校友聯誼紀實」，「陳故委員卓凡老先生身後哀榮」。「承先啓後，繼往開來」。「柯故委員叔寶功在黨國」。「中南美洲友好訪問經過與觀感」。「慈湖大溪謁靈記」。「李院長關懷金門軍經建設」。「吳寶華先生七秩嵩壽」。「明・萬曆兵部尚書金門先賢蔡復一」。「金門電信邁向新紀元」。「一位傻女子，嫁個窮書生」。「馬祖五度行」。「明・萬曆翰林院編修金門名賢許獬」。「兒時牽罟記」。「東南亞之旅」。「宏揚民主憲政，鞏固領導中心」。「清・浙江提督金門武績邱良功」。「國家戲劇院開幕有感」。金門僑領謝漢新加坡創業有成」。「從高甲戲話鑼鼓唱」。「明．貢歷國子監金門國學大師洪受」。「歐洲考察見聞」，「澎湖勞軍行」。「中南美洲十國巡禮」。「台北同鄉會十年有感」。「東北歐遊蹤」。「完成憲法增修條文，廢除臨時條款」。「台北縣同鄉會第六屆會員大會紀要」。「戰地政務前瞻與回顧」。「欣見鄉訊創刊」。「金沙國中邁進四十春」。「勤沐春風樂施化雨」。「胡伯公功在國家澤被金門」。「楊水應先生創業有成敬恭桑梓」等。

當選傑出校友

民國九十六年五月廿日，爲母校國立金門高級中學建校五十六週年校慶，炳南有幸獲選爲第二屆傑出校友，接受表揚，校慶提早一天，於五月十九日上午九時，在校區中正堂禮堂，舉行慶祝表揚大會，由校長李世峰主持，時任福建省政府主席顏忠誠校友，應邀參加，頒給傑出校友獎，余從主席手恭接當選證書謂：「國立金門高級中學當選證書：（96）金中友字第〇〇五號，謝炳南先生致力於國家，社會服務，績效卓著，足堪表率，榮膺五十六週年校慶傑出校友，特頒證書，以資表彰。校長李世峰，校友會理事長李再杭，中華民國九十六年五月二十日」。及嵌有校徽之陶瓷獎牌乙個，內鑲有二〇〇七，國立金門高級中學56週年校慶，正面有賀詞：「賀謝炳南先生榮獲傑出校友，『龍躍雲津，冠絕群倫』，校長李世峰，校友會理事長李再杭，學生家長會長洪成發」。五角分爲德、智、體、群、美五育卡通圖案，至爲精美，彌深珍貴，獲此甚感榮幸。中午在金瑞大飯店餐會共歡。

茲誌得獎感言，摘自表揚專輯，其中出生年月日、學歷、經歷，個人工作之優良事蹟從略，僅就得獎感言或對學弟妹之期許與勉勵述之，「炳南當選爲母校第二屆傑出校友，至感榮幸，憶母校自民國四十年秋創立，已歷五十六年春秋，想當年在設備簡陋，師資缺乏之下，雖規模初具，但需同學們自庵前搬石塊築圍牆，搬泥土印土墲建教室，勞動服務，整理校園環境，民國四十三年『九三砲戰』，又須自己挖防空溝洞，每逢下午，砲來大家跑，砲停又復來，爲了老師與同學安全著想，四十四年春，搬遷至金湖鎮成功村（陳坑），晚間仍在恐懼之中，課業不無影響，可以說，我們在砲火中成長，在砲火下完成學業，四十七年『八二三』砲戰，母校在同年十月九日遷往台灣，分別借讀台灣省立卅所中學，至四十九年九月復校，建校迄今，五十六年的歲月，歷經十四任校長，積心妥爲擘劃，校譽日隆，老師們諄諄教導，春風化雨，且老師都是飽學之士，杏壇碩彥，熱心教學，秉傳道、授業、解惑的精神，夙夜不懈，現師資設備已臻水準，升學率逐年提高，如今年則有十名同

學甄選入國立台灣大學，可喜可賀，欣見已畢業歷屆同學，無論從事士、農、工、商，黨、政、教、軍、警、醫、科技、民意代表、社會、文化、社會服務、藝術等行業，皆有傑出表現，良深欣慰，冀望尚在學校的學弟妹們，在校要尊師重道，進德修業，在家要孝順父母，友愛兄弟姊妹，將來學成後，升學就業，爲社會國家付出最大的貢獻，欣逢母校五十六周年校慶，謹祝母校校運昌隆，校長、老師們、同學們，健康、快樂，諸事如意，闔家平安」。

長官恩人益友

余一生迭獲長官厚愛，貴人扶持，自小乖巧，溫良謙恭，稍長入學，尊師禮敬，同窗共硯，及長完成大學學業、步入社會，服務公職垂四十年，屢受長官關愛拔擢，先後蒙恩師黃達生、傅亢、李鶴皋校長、李兆蘭、周建齡、鄒浚師的鼓勵，連長韓克泉調教，金門政委會民政組長傅必聰，金門縣長王玉白、屠森冠、郝成璞、羅漢文、石政求有師生之緣，金門縣黨部主委楚志武、胡世元的薦拔，李金塔、黃武仁主委的輔選，特派員辦公處書記長吳寶華、廖祖述，國民大會秘書長何宜武、朱士烈、陳金讓，國大黨部書記長脫德榮、謝隆盛賢昆仲、福建省政府主席吳金贊、顏忠誠，秘書長王恕民、曹常順等之關愛與教導，在公職幸無隕越，在私域日有進益。

在孩提時有祖母的呵護，父母劬勞的養育，結婚後受岳父母的不棄，將愛女嫁

給窮女婿，愛妻跟我受苦達五年之久。後又養育兒女，主持中饋，勤勞備嘗，使我無後顧之憂，專心服務公職，胞姊姊夫亦關心有加，胞弟偕弟媳，在六十年代，三十年時期，在我寄款委託下，每逢年節，祖先忌日，祭拜先祖考妣，亦備極勞累。

義哥謝守欽，亦師亦友、亦兄長，情如手足，義嫂賢慧有致，愛護備至，資助尤多。義哥呂福氣，媲美手足，義嫂親切有加，多所關照，惠我良多。

旅居新加坡華僑，原籍料羅的謝漢宗叔，呂建成叔，呂扁叔、謝清義宗兄，在我讀大學時，惠予資助，良深感荷。陳忠信先生：地方仕紳，耆德宿老，熱心民俗事務，余以舅執輩稱之教益良多。謝繼成宗叔祖父，爲科羅仕紳，謝氏長老，熱心公益，創業有成，對余多加疼愛與鼓勵，至爲景仰與尊崇。吳炯煒堂內兄，與我同鄉、同庚、同學、摯友、姻親，相交七十年，理念相同，言談甚歡，情如手足，甚於手足，時領匡教，惠我殊多。感佩莫銘。

洪志合叔，在我返金赴台空中交通資訊之提供及交通協助甚多，至爲感荷。

鄉老楊水應董事長、理事長，多年愛護有加，關懷備至，至爲感激。

同學呂振南，謝水吉（宗叔）長我一輩；呂水涵，昔日自私立蓮滄小學，同念私立金東初級中學，進而福建省立金門中學，同窗共硯，振南因砲戰關係，伯母為顧及其安全，略有延後，我們四人同屆相交、相勉、相惜的情誼，迄今仍時用電話連繫，每年農曆正月初三日「年初三」，相約聚餐歡敘，均攜眷參加多次，原有和呂清弟賢伉儷五對，陳雪浯，後來又加入洪火練夫婦、呂永美夫婦，正好湊成一桌，由大家輪流作東，大家歡樂一堂，天南地北，無所拘束，暢飲「金門高粱酒」，達到把酒言歡，聯誼敘舊目的。

還要感激的，感謝，我金門家鄉，和在台的鄉親，父老叔伯兄弟姊妹們的關心愛護與支持。

退休生活點滴

韶光荏苒，歲月不居，余自民國八十九年十月十七日，從政務官退休，轉瞬已逾九年了，頓悟歲月催人老，馬齒又徒增，許丕華兄說：「天天星期天」，我謂：「日日週休日」，雖用詞稍爲不同，但有異曲同工之妙。在公職領域打滾四十年，回家當「閒夫」、「宅男」的生活，頗能適應，身心輕鬆愉快，每天的生活，仍舊保有規律，清晨四時半即起，事前約十五分鐘，在床上作按摩全身運動，起床後盥洗，焚香拜佛祖、關帝聖君、土地公香爐一炷，天上聖母一炷，前世蘇氏娘娘楊大人一炷，每月初一、十五，加拜玉皇大帝（天公），先祖考妣各三炷，祈求闔家平安，撕日曆，穿運動鞋，戴帽，攜袖珍收音機出門，在門側作撞牆、撞背，兩臀各六十下，步行頻作「七巧」運動，至碧湖公園，作健康操六大節，各含若干小節，從頭部，全身骨骼，至腳底，約三十分鐘，然後遶行公園一周或一周半。返家沐浴，泡杯「七葉膽」茶。閱報從聯合報A1至D8。對早起運動已行十餘年，一年三百六十五天，從未間斷，如遇大風雨，就在家中客廳運動，返金時在家前「海濱公園」，外出旅遊在住宿飯店外操作，已成習慣，自忖對身體健康甚有助益。閱畢報紙，開電視，看晨間重要新聞，早餐後，看些有關傳記、歷史、雜誌，或國民大會贈與之書籍，午膳後休憩一～二小時。晚餐前後看新聞，九時沐浴後就寢，結束一天頗有規律的日常生活。

余甚喜愛「國劇」又稱「京劇」、「平劇」，「京戲」乃是我國固有國粹，以前有劇團如「陸光」、「海光」、「大鵬」、「明駝」、「復興」，現只剩下「國光」一團。前「中視」、「台視」、「華視」、「公視」，週末或週日有錄影播出時段，現僅有中視每週六早五時，好像有播出一小時，因時段太早，恐觀看人少，其餘各台已「銷聲匿跡」了。喜愛者，無法看只有聽的份兒，星期一～星期五，晨五點至六時有復興廣播電台的「國劇天地」，每星期早上八時至九時，警廣的「長青網」，及漢聲廣播電台的「戲劇春秋」播出國劇時段。每週日上午九時有人間衛視「戲說人間」國劇節目，使愛好者有觀賞時段。國劇是我國固有國粹戲目，從

「有聲皆歌」、「無動不舞」，到「一無所有」、「無所不有」，進而唱出「褒忠貶奸，悲歡離合」，令人嚮往迴腸。

國外旅遊：亦是退休後生涯的一環，自九十三年秋末，偕妻女，由台經港赴北京遊歷八天。九十四年夏、九十七年端午節，二次去上海探望女兒及遊覽，與同鄉友好組團，經由金廈小三通，去過貴州，雲南昆、大、麗，張家界、武夷山、廈門各一次。九十八年九月十九至二十三日，到日本北海道玩了五天，品嚐海鮮美食，瀏覽北海道風光，亦是生活中的一種樂趣。

看書讀書，是退休銀髮族，精神寄託之所在，少年讀書是在應付考試，小學中學還要補習，求得好成績。青年讀書，是一種求知充實智慧，生活調劑，激盪腦力，保有青春好奇，增進新的知識與資訊，開拓宏觀的人生，探討人際視野。何樂而不爲呢？現在學生們讀書，是爲了學業，考試基測，成年人讀書，是爲了增進知識，謀職升遷求得名利雙收。中年人讀書，是爲了消遣自娛增加廣聞。老年人看書，是爲了心靈慰藉，避免老人癡呆，讀書可以說百利而無一害，閒來無事，泡杯七葉膽好茶，在書架上拈來本書，坐在沙發上翹起二郎腿，來個「風簾展書讀，古道照顏色」。排解無聊，消磨時間，沒有書本種類頁數，及時間之限制，讀多讀少，悉由尊便，甚至偶爾躺在沙發或床上閱讀，只要眼力許可亦無妨。照樣享受讀書樂，窺視「書中自有黃金屋，書中自有顏如玉」。所以書籍是我們的良師益友、精神糧食。

近年來，由於李縣長炷烽，提倡「文化治縣」的號召下，金門縣文化局局長李錫隆兄，出版刊物不少，如「金門文藝」等，每有新作，均蒙寄贈，每期必讀，每集必閱，對愛好文藝創作者、編採先生，全心投入，致上無限感佩與感謝。

余服公職四十秋，退職後過著日日週休日，已經九年了，一生不忮不求，不逢迎拍馬，凡事聽其自然，秉著「人能知足心常樂，事至無求品自高」。退的心安理得，心境坦然，但對我愛護的師長、長官、鄉親、親朋、長輩，感恩、感戴、感激和感謝，永遠存在我的心中。

【第伍章】

國大提案辦理情形

作者在國民大會年會及歷次會議提案政府答覆辦理情形

（提案原有案由、說明、辦法，因受篇幅所限，說明項省略，謹此致歉）

一 案由：請政府轉請三家電視台共同在金門設立轉播站，以利前線軍民收看，而勵民心士氣案。

〔辦法〕

1.請速轉三家電視台設計規劃。

2.所需經費由政府補助或由三家電視台共同負擔。

〔提案人〕謝炳南

〔連署人〕李友吉等

〔行政院辦理情形〕

本案經本院新聞局向三家電視台協調，將台灣電視節目輸送金門，須在台灣小雪山用微波送至金門太武山，才可達成百分之九十收視效果，須花費龐大資金，因去年與今年三家電視台公司發展東部轉播系統暨購買機器設備發展節目外銷，加強海外宣傳耗資甚大，再以目前世界性能源危機所造成不景氣現象，三台業務不甚穩定，各電視公司收入減少，實無餘力發展其他業務，本案擬俟各電視公司業務好轉時再行研辦。

二一 **案由：請政府准予已支領年功薪教師，參加暑期部進修畢業改敘，仍得提晉二級支薪，或改發進修金，以資激勵，而昭公允案。**

〔辦法〕

請政府有關單位研究改進，其改進辦法約可以下方式：

1.同享提晉二級支薪——無論其原級高低均得提晉二級支薪，遇有支薪年功薪者，先將年功薪移二級為本薪，然後按其原年功薪級數往上順提晉二級支薪。

2.改發進修金——倘若確因限於法令不便更改移動年功薪晉二級支薪時，得比照年終考績：已晉至最高年功薪者得發獎金辦法酌發二個月或四個月之進修金（至少相當於晉二級之一年金額為宜）。

3.上兩項請裁決修正後通令全國實施，以資激勵，而昭公允。

〔提案人〕謝炳南

〔連署人〕李友吉等

〔行政院辦理情形〕

關於本案學經歷提敘薪級，以本職最高薪爲範圍，乃公務人員及教職員現行銓審之通例：本部公佈之公立學校教職員敘薪辦法所附敘薪標準表說明（十）亦已有明文規定，國小教師參加二年制師專暑期部畢業後提敘薪級，自應依規定辦理，且教師任職年資有深淺之別，提敘薪級既不能漫無範圍，因此受限制者，自不能視爲不平。至於已敘至年功薪者，年終考核時，業已依其考核結果較未敘至年功薪者增發一至二（或半個至一個）月薪額之一次獎金，如再發給進修獎金，似屬重複，且經費來源也有困難。

三 案由：請比照台灣地區辦理金馬後（預）備軍官晉升，藉資激勵。

〔辦法〕

請國防部授權金馬地區戰地政務委員會責由民防指揮部訂定後（預）備軍官晉升辦法實施，每年依其參加軍勤、教育、演習表現優異者，呈報國防部核定名額，並由前線司令官親予授階，以資隆重。

〔提案人〕謝炳南

〔連署人〕李友吉等

〔行政院辦理情形〕

國防部已於六十五年四月七日以（65）道遠字第二八一號令規定金馬地區預備軍官晉任應辦事項如下：

1.由各該地區依後備軍人組訓狀況，擬定晉任積分項目標準報部核定實施。

2.各該地區晉任員額，每年由軍區視實際需要狀況統一辦理晉任，則由地區司令官授階。

四 案由：請中央編列預算補助金門地區農漁業發展，以加速地方經濟建設案。

〔辦法〕

1.請經濟部今後每年按年度編列補助120萬元以補貼化肥運什費用。

2.請中央惠予補助淺水井經費240萬元。

3.請經濟部協設金門農產加工廠或補助「平準基金」及補助「推行農業機械基金」。

4.請中央輔導地區漁業發展，訓練漁撈技術人員，改進漁網具，及貸借資金。

〔提案人〕謝炳南

〔連署人〕李友吉等

〔行政院辦理情形〕

1.爲減輕金馬地區農友負擔，經本院核准自六十四年起每年撥由台灣肥料公司列撥補助金馬肥料運雜費一百三十萬元，金門分配一百二十萬元。

2.金門地區淺水井自五十三年至五十五年三年間共補助二〇〇萬元，作爲淡井循環基金，至六十五年初，已循環運用達五一二萬元，開鑿淺井一、一〇〇口。六十四年度在加速農建計畫又另補助一二〇萬元，開鑿淺井二〇〇口。六十六年度因水利計畫重點置於急待興辦之浯江溪治理工程，淺井方面暫先就已完成之一千餘口，調查其效果及需求後再於下年度考慮。

3.爲解決毛豬生產過剩，現正透過農復會多方協調，肉品加工能否設廠，尙屬未定，補助「平準基金」一節，正由經濟部會商有關機關研議中。關於蔬菜生產過剩問題，農復會於六十四年冬在金門推行新興作物馬鈴薯種植三〇公頃，成果甚佳，六十五年冬擬擴大種植面積，以減輕蔬菜生產過剩壓力。至於補助「推行農業機械基金」以貸助農民設置農機，可透過金門土地銀行運用台灣地區「農機專案貸款基金」辦理。

4.輔導及補助漁業發展、訓練漁撈人員、改進漁網具及貸借資金方面，三年來協助金門發展之重要項目如下：①公共設施方面：興建冷凍廠一座，補助二三〇萬元，貸款一八五萬元。小金門及烏坵，購置小型冷凍櫃各一，合計補助五〇萬，協助設計興建漁港一處，預計分三期完成，已補助設計費一五萬元及第一期工程費五〇〇萬元。②建造漁船方面：金門沿岸五噸級十二艘包括引擎，補助八〇餘萬元。烏坵二噸級六艘包括船外機補助一〇萬元。金門建造二〇噸級一〇艘四九噸級二艘貸款一、六〇〇萬元。③漁撈技術引進方面：引進沙魚流刺網補助五五萬元，定置網及棒授網補助五六萬元，起網機補助二〇萬元，烏坵流刺網補助二〇萬元。④養殖漁業方面：推廣血蚶、紅蟳、牡蠣淺海養殖補助八〇萬元。⑤漁撈技術訓練方面：漁撈人員訓練三五人，養殖技術人員五人，冷凍技術四人，行政管理二人，合計補助三五萬元。今後按年列入預算繼續協助項目：①公共設施主要爲漁港及岸上設施。②引進新技術暫以沿海小型漁船作業爲主。③對原有較大型漁船予以技術及作業輔導。④繼續推廣淺海養殖，以垂下式牡蠣及棚架式紫菜養殖爲主。⑤協助建立漁產品對外運銷系統，⑥繼續協助技術及經營人員之訓練。

五 案由：請中央指撥專款，協助金門地區辦理六年經濟建設，以加速完成 蔣公指示「建設金門為三民主義模範縣」之早日實施案。

〔辦法〕

1.請中央指撥專款或無息貸款購置農產機械工具。

2.請中央轉請軍方在金門設立豬肉罐頭加工廠，或鼓勵民間廠商在金設廠，駐軍罐頭由其加工供應。

3.請同意無息撥貸壹億元奉核定後由縣政府研擬細部計畫專案辦理。

〔提案人〕謝炳南

〔連署人〕許國雄等

〔行政院辦理情形〕

1.金馬地區六年建設計畫案經本院核定其六十七年度實施要領與所需經費，亦已准予貸款。

2.金馬地區六年建設計畫各項專案建設，俟金馬地區細部計畫提報後再予審定支援。

六 案由：請中央比照金門地區「公教國宅貸款辦法」在金興建金門籍官兵眷舍案。

〔辦法〕

1.請中央轉台灣銀行或土地銀行貸款一千二百五十萬元，按十五年分期攤還。

2.依照金門政委會現行頒發之「公教國宅貸款辦法」每戶貸款額為廿五萬元，年息九釐，自備款十萬元配合。

3.首批興建五十戶每戶用地二五坪，合計一千二百五十坪，由政委會在金城、山外、沙美地區附近覓地撥供，以減輕建者負擔。

4.興建工程，由政委會統一權處，合併已定案「公教國宅貸款辦法」執行，增建五十戶列爲軍眷住宅軍眷部分在不影響防務洽請軍方協建。

〔提案人〕謝炳南

〔連署人〕許國雄等

〔行政院辦理情形〕

1.查國軍服志願役金門籍軍（士官）官計八九三員，其中部分人員家屬已遷台居住。

2.政府對於有眷無舍官兵輔導購宅，係依照「華夏貸款購宅辦法」有關規定，並依據年資、考績排列優先順序、分期辦理，現正責由國防部申辦華夏五期貸款中，俟全案核定，即予併案研辦。

七 案由：請中央在金門地區試辦「全民醫療保險制度」案。

〔辦法〕

1.請中央撥助專款協助在金門地區試辦「全民醫療保險制度」，擬訂辦法，以財力、人力全力支援實驗。

2.請中央在金門建立一座現代化綜合醫院，醫師之來源，除協助地區有計畫培養外，並請將台灣各公立醫院之專科醫師實施輪調金門或臨時支援服務。

〔提案人〕謝炳南

〔連署人〕許國雄等

〔行政院辦理情形〕

已轉知金門政委會擬訂實施計畫，併下年度建設計畫實施。

八 案由：請政府更新金馬地區民防自衛部隊武器以增強戰力，支援軍事作戰案。

〔辦法〕

送請國防部參採辦理。

〔提案人〕謝炳南

〔連署人〕張春盛等

〔行政院辦理情形〕

金馬地區民防自衛部隊，現用武器性能尚稱良好，今後當視國家財力，配合聯勤生產能量，依優先順序逐年實施換裝。

九 案由：請政府指撥專款充實金門地區各級學校圖書儀器，以提高教育效果案。

〔辦法〕

1. 請政府指撥專款購置圖書儀器。
2. 請各文化團體書局出版社贈予。
3. 請台灣省、台北市將有關教育書刊雜誌免費贈送參考使用。

〔提案人〕謝炳南

〔連署人〕官桂英等

〔行政院辦理情形〕

1. 自金門地區實施九年國民教育以來，逐年均協調教育部核撥專款補助，以最近三年爲例，（65）年爲七五〇萬元，（66）、（67）年度平均爲六〇〇萬元，對學校教育設施已有顯著改進，若干學校已有自然科學館、技教館、工藝教室及各項實驗儀器，一般學校之建築設備頗爲良好。

2.國防部經協調教育部補助發展科學教育經費（66）、（67）年度各為五〇萬元，並協調徐氏基金會贈書，每校三八三冊。協調台北市教育局贈儀器約值三〇萬元，台灣省教育廳贈科學教具廿四套約值六〇萬元，台北市扶輪社贈圖書約三〇萬元。今後當繼續爭取補助，使金門學校設備更趨完善。

3.六十八年度教育部已編列預算補助一千萬元。對於充實金門地區各級學校圖書儀器設備一節，今後於籌編總預算案時，當再行檢討。

十 案由：每年大專院校聯合招生，請在金門設立考區，以便利前線學生應考案

〔辦法〕

1.請在金門設立考區。

2.可比照軍事學校歷年來在金設立考區方式辦理。

〔提案人〕謝炳南

〔連署人〕張春盛等

〔行政院辦理情形〕

以交通聯繫等項困難，現時未便設置考區。

十一 案由：請政府轉請中國電視公司、台灣電視公司在金門設立轉播站以利軍民收看，而勵民心士氣案。

〔辦法〕

1.請速轉二家電視公司比照華視在金設立轉播站。

2.所需經費及設置技術華視已有成例可資參考。

〔提案人〕謝炳南

〔連署人〕曹順官等

〔行政院辦理情形〕

根據本院新聞局六十八年七月三日邀請有關單位召開之「反制中共電視問題協調會議紀錄」，關於各電視台在金門架設轉播站以利當地收視效果一節，具有下列困難：

1.缺乏電視運用之頻道。

2.容易干擾戰地軍事通信。

由於上兩項考慮，故目前僅華視設有轉播站，惟實際上三家電視台之節目，金門地區均能收視。

十二 案由：請政府辦理空中教學，洽請教授赴金門面授以利公務人員進修案。

〔辦法〕

1.請教育部與主辦學校協調洽請教授赴金舉行面授。

2.如遇交通阻滯或特殊狀況，准予延後考試或補考。

〔提案人〕謝炳南

〔連署人〕曹順官等

〔行政院辦理情形〕

現國立政治大學附設空中行政專科學校雖以現職公務員爲招生特定對象，但須經入學考試錄取者。三年來金門地區公務員僅有八人考入該校就讀，故目前無派遣教授赴金門面授之必要，以後當視情形斟酌辦理。

十三 **案由：明年大專院校聯合招生，請在金門設立考區，以便利前線學生應考案。**

〔辦法〕

1.請教育暨聯招會自六十九年度在金門設立考區。

2.可比照軍事學校歷年來在金設立考區方式協調辦理。

〔提案人〕謝炳南

〔連署人〕曹順官等

〔行政院辦理情形〕

本案留提明（七十）年大學入學考試試務委員會研參。

本案已於七十學年度在金門設立考區。

十四 **案由：請政府加強培植戰地建設人才，參加大專院校聯考之前線考生，予以加分優待，以示政府關愛青年學子之德意案。**

〔辦法〕

1.請政府比照駐外人員子弟或邊疆子弟酌予加分錄取。

2.請將原保送師大、教育學院、醫學院或科技專科學校，酌增名額。

〔提案人〕謝炳南

〔連署人〕楊育元等

〔行政院辦理情形〕

本案已送教育部參考。

十五 案由：請政府速撥專款佈設大小金門間海底電纜，裝置自動電話，以供軍民需要案。

〔辦法〕

1.請政府儘速指撥專款支應。

2.請政府從速規劃設立並派工程人員前往測量。

〔提案人〕謝炳南

〔連署人〕楊育元等

〔行政院辦理情形〕

關於建議小金門裝置自動電話一節，電信總局已列有機線工程計畫將於七十二年度內辦理。

十六 **案由：**

請政府核撥專款，儘速購建客輪，以改善台金海上交通，便利民眾搭乘案。

〔辦法〕

1.請政府核撥專款，責成有關部會儘速協調，進行設計規劃，付之實施。

2.請中船公司優先承建，或向國外購置堪用船隻，以爭取時效。

3.現行航次，請增加民眾搭乘名額，便利全數往返。

〔提案人〕謝炳南

〔連署人〕楊育元等

〔行政院辦理情形〕

金馬外島交通船，國防部目前已有萬安、太武、凌雲、五台、雲台等五艘，刻正建造一艘，將於本（71）年七月交船，並預定於（71）、（72）年度各再建一艘，屆時台、金海上交通，將可獲進一步之改善。

十七 案由：請政府核撥專款補助「福建省立金門高級農工職業學校」獨立設校經費案。

〔辦法〕

1.請政府依計畫列入教育經費預算核撥補助。

2.請政府相關單位主管農、漁、林電力支援。

〔提案人〕謝炳南

〔連署人〕楊育元等

〔行政院辦理情形〕

1.福建省立金門高級農工職業學校已於（70）年8月1日獨立設校。

2.該校第一期建校經費，教育部補助四、六二五萬元，並編入七十二年度預算中，俟立法院審議通過後即可辦理。

十八 案由：請政府比照台灣地區電價，列入年度預算，補助金馬地區電價差額，減輕民衆負擔，以示嘉惠前線軍民之德意案。

〔辦法〕

1.請政府比照台灣電力公司價格，補助差額，並列入政府年度預算，或指撥專款支應。

2.將福建金門、馬祖兩電力公司，劃入台電公司統一經營，使全國電價劃一。

3.請政府將金馬兩電力公司，列入國營事業單位，由經濟部直接經營。

〔提案人〕謝炳南

〔連署人〕楊育元等

〔行政院辦理情形〕

1.金馬地區由於地處前方戰地，環境特殊，在經營上仍以維持目前方式繼續經營，並由台電公司提供各項營運必須之技術支援。

2.電價差額已由有關單位會商研究中。

十九 **案由：請政府指撥專款在金門興建孔子廟乙座，以宏揚至聖先師精神，復興中華文化案。**

〔辦法〕

1.請政府指撥專款從速籌建。

2.配合文化中心規劃辦理。

〔提案人〕謝炳南

〔連署人〕曹順官等

〔行政院辦理情形〕

金門地區現有文化活動場所甚多，諸如朱子祠、延平郡王祠、莒光樓、牧馬侯祠、浯江書院、榕園、慰廬等名勝古蹟，遍佈全島，均可作爲當地軍民文化活動之需，且該地當前工作重點在強化戰備整備，本案立意雖善，但就上述之狀況言，並非亟需，宜留作建設金門遠程計畫之參考。

二十 案由：請政府核撥專款，儘速購建客輪，以改善台金海上交通，便利民衆搭乘案。

〔辦法〕

1.請政府核撥專款，責成有關部會儘速協調，進行設計規劃，付之實施。

2.請中船公司優先承建，或向國外購置堪用船隻，以爭取時效。

3.現行航次，請增加民眾搭乘名額，便利全數往返。

〔提案人〕謝炳南

〔連署人〕楊育元等

〔行政院辦理情形〕

1.政府爲照顧偏遠離島人民交通及生活，加強戰地民眾對政府之向心力與對敵鬥爭之政治攻勢，已將增建（購置）客貨輪，列爲施政工作之一。

2.目前除國軍繼續增購交通船外，本院正責成國防部協調有關單位代外島政委會購五、〇〇〇噸級以下客輪，分配金、馬各一艘營運，現正積極辦理中。

3.由於能源危機之影響，不宜增加航次，唯公教民眾搭乘交通船之名額，國軍已於六十九年十一月起調整放寬，另運補艦並未限制公教民眾搭乘人數，且每月均能全數清運。

4.台金海上客運，六十三年間曾輔導商民組織高金輪船公司經營高雄——金門航線客運，嗣因商民均免費附搭軍機、軍艦，且金門爲管制區，以致旅客過少，無法營運而停航。

二十一　案由：請政府比照台灣地區電價，列入年度預算，補助金馬地區電價差額，減輕民衆負擔，以示嘉惠前線軍民之德意案。

〔辦法〕

1.請政府比照台灣電力公司價格，補助差額，並列入政府年度預算，或指撥專款支應。

2.將福建金門、馬祖兩電力公司，劃入台電公司統一經營，使全國電價劃一。

3.請政府將金馬兩電力公司，列入國營事業單位，由經濟部直接經營。

〔提案人〕謝炳南

〔連署人〕楊育元等

〔行政院辦理情形〕

1.台電公司對於台灣本島及澎湖列島之費率，因二者同屬該公司之營業區域，故係採用統一價格，並無補貼問題之存在。

2.各國營生產事業之經營，向採「以事業養事業，以事業發展事業」之原則，如發生虧損時，政府對其並無貼補。

3.爲解決高電價問題，金門電力公司似可經常洽商台電公司儘量給予技術上之協助，降低營運成本。目前金門電廠係以輕柴油作燃料，爲設法改善其發電成本，台電公司正就改用重油代替之可行性，進行研究中。

4.軍用油料按民用油料半價計算，原則以軍事用途爲限。發電用油政府另有訂價，如台電公司發電用燃料油及氣渦輪機油均另有訂價，似不宜與軍事用油相混。

5.國防、經濟兩部已就本案作初步研商，近期內將再進一步研究妥善解決辦法。

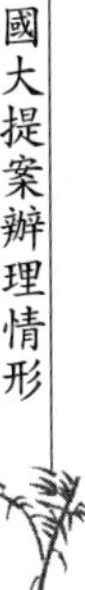

二十二 案由：請中央政府增加補助金馬地區基層建設經費及農發會補助計畫經費，以強化地區建設繁榮案。

〔辦法〕

1.請中央政府增加金馬地區基層建設金額。

2.請農發會增加金馬地區補助計畫金額。

3.請有關單位大力支援金馬地區各項建設人力技術之協助。

〔提案人〕謝炳南　陳仁官

〔連署人〕盧祖澤等

〔行政院辦理情形〕

1.政府於近三年補助金馬地區基層建設及農村建設之經費達八億五千萬元，其中基層建設部分爲六億元，包括：七十四年四億元，七十一年一億元，七十二年一億元。農建計畫部分爲二億五千萬元，包括：七十年五千萬元，七十一年一億元，七十二年一億元，計推動八十四項補助計畫。

2.今後將繼續加強金馬地區之基層建設與農建計畫。

二十三 案由：大專院校夜間部明年聯合招生，請在金門設立報名處，以便利前線學生報名案。

〔辦法〕

1.請夜間部聯招會在金門設立報名處指派專人前往辦理，以便利報名手續。

2.請委託金門戰地政務委員會代辦報名手續。

3.七十二年大學院校聯考，仍請在金門設立考區。

〔提案人〕謝炳南

〔連署人〕盧祖澤等

〔行政院辦理情形〕

已由金門高中代辦。

二十四 案由：請中央政府撥款補助福建省立金門高級中學（職校）經費或升格為國立，以促進地區教育正常發展案。

〔辦法〕

1.請政府將金門高級中學（職校）年需經費七七、九一八、九〇二元，編入年度預算逐年按其增減核撥支應。

2.將該二所中學升格爲國立中學，由教育部經辦。

〔提案人〕謝炳南

〔連署人〕盧祖澤等

〔行政院辦理情形〕

爲促進戰地教育之發展，教育部專案報請將福建省立金門高級中學、福建省立金門高級農工職業學校暨福建省立馬祖高級中學改隸爲國立。業經本院於七十二年二月廿五日以台七十二教字第三五三二號函核定，自七十三學年度起改爲國立。

二十五　案由：請政府從速改善台、金空中交通，更換機型擴建尚義機場，以便利民眾搭乘案。

〔辦法〕

1.請政府速擴建整修金門機場設施。更換機型。

2.將來更換機型時，民眾方面請以售票方式辦理。

3.請政府每日撥出固定數額供民間乘座。

〔提案人〕謝炳南

〔連署人〕鄭　烈等

〔行政院辦理情形〕

爲改善台、金空中交通，現已新購B—727大型運輸機多架，刻正施訓中。金門尚義機場跑道整修工程，亦於本（七十二）年三月十五日開工，俟該工程完成後，即可更換B—727型機飛航。

二十六 案由：請政府指撥專款，興建文化中心，整修金門名勝古蹟，以備將來發展觀光事業案。

〔辦法〕

1.請政府指撥專款興建文化中心，以作活動、勞軍演出展覽之用。

2.請中央政府列入年度預算，支助金門從事文物名勝古蹟修葺之用。備作將來發展觀光事業，增加金門地方收益，促進金門地區全面繁榮與發展。

〔提案人〕謝炳南

〔連署人〕楊育元等

〔行政院辦理情形〕

1.有關興建文化中心一節，已由教育部處理，俟將來興建完成，其活動展覽等事項，本院文化建設委員會將予以適當輔導辦理。

2.有關整修名勝古蹟一節，本院文化建設委員會及內政部已決定併同台灣地區其他古蹟，由古蹟鑑定專案小組邀約交通部觀光局派員前往實地復勘後，視其保存現況並斟酌預算編列情形研辦。

二十七　案由：請政府將金門第二士校服役期滿退伍人員列入輔導就業，參加國家建設行列案。

〔辦法〕

1.比照一般國軍退除役官兵，由輔導會或青輔會，依其志趣召集專長訓練，輔導就業。

2.仍依七十年規定應考資格爲三年，以維第二士官學校退伍青年之權益。

3.請政府給該退伍青年，施以專長訓練，派赴國外參加承建外國工程。

〔提案人〕謝炳南

〔連署人〕楊育元等

〔行政院辦理情形〕

1.按國軍退除役官兵輔導條例施行細則規定：常備士官服役期滿退伍，及預備士官服役期滿，志願留營或再入營服役三年以上退伍，以及志願士兵在營服役三年以上退伍除役解除召集者，始爲輔導會之輔導對象。

2.查國軍各士官學校招收青年，計爲常備士官班，役期六至十年，預備士官班，役期三年，另徵集義務役常備兵，服役二至三年，後兩者，應先服完法定役期後，再志願留營三年以上者，方合於輔導會之輔導對象。

二十八 案由：請政府指撥專款興建金門縣綜合醫院，並增加儀器設備，以確保民衆健康案。

〔辦法〕

1.請政府指撥專款供金門興建綜合醫院，並充實醫療器材儀器。

2.請行政院衛生署洽請台灣各醫院派內科、外科、耳、鼻、喉科，泌尿科等醫師來金協助執行民眾就醫，在金住診一至三個月，輪流不斷，周而復始，在金支援期間，醫師薪資由原派醫院支給，另由金門縣政府撥補工作獎金及伙食費。

3.請政府增加金門籍高中畢業生保送就讀醫科名額，預作培養醫師人才。

〔提案人〕謝炳南

〔連署人〕楊育元等

〔行政院辦理情形〕

1.本院衛生署數年來均有經費補助金門縣衛生院辦理各項醫療衛生保健業務及充實設備，爲加強金門地區醫療保健工作，並擬定三年計畫於七十二年度開始實施。

2.金門縣衛生院除舊有房舍以外，本院衛生署曾撥款供其興建醫院病房，已於七十二年八月開始啓用，該署並將補助該醫院繼續充實醫療儀器設備，以提升該區醫療水準。

3.除了經費補助外，該署亦商請榮總、馬偕、台大等醫院指派醫師赴金門衛生院支援婦產科、小兒科、精神醫療業務，此項醫療支援工作自七十三年元月實施以來，對前線居民之健康維護已有相當助益。爲再擴大醫療支援範圍，該署正洽商國內大型教學醫院派適當醫護人員前往指導，同時安排在該地區服務之醫護人員分期前往上開各教學醫院接受必要之在職專業訓練。

4.自七十年起，金門戰地政務委員會保送就讀醫學院之醫學系畢業生，已陸續有六名醫師返回金門服務，醫師缺乏問題已漸獲解決，又依據「金門地區醫師人員養成計畫」規定，七十四年度預定再度甄試金門優秀學生就讀高雄、台北醫學院醫學系各二名，包括已在校就學之學生，總計十七名，醫師人才之培育已照既定計畫順利執行中。

5.綜上所述，金門地區之各項醫療措施已逐步進行改良中，因此，關於興建金門縣綜合醫院一節，擬俟上開各項改進工作及計畫完成並予評估後，再予考慮。

二十九　案由：請政府儘速增訂金馬地區中小學校長輪調制度，以激勵戰地優秀教育人才案。

〔辦法〕

1.請教育部儘速增訂「金馬地區中小學校長輪調制度辦法」。

2.每年增加教師輪調名額，使能增加地區大專畢業就業機會，以容納教育界新進人員。

〔提案人〕謝炳南

〔連署人〕楊育元等

〔行政院辦理情形〕

教育部目前訂有「金馬地區國民中小學教師申請來台服務處理要點」一種，校長如願來台任教，得視同教師辦理，至於校長輪調制度，俟修訂上項要點時，再通盤檢討。

三十 案由：請政府將金馬民衆自衛隊經費編列國防預算支應並列入勞軍員額案。

〔辦法〕

1.請政府將金馬民眾自衛總隊年度經費，列入國防預算支應。

2.請軍人之友社總社及前線勞軍團隊：列入勞軍員額與對象。

〔提案人〕謝炳南

〔連署人〕吳永成等

〔行政院辦理情形〕

金馬民眾自衛總隊，係屬地區民防自衛組織，所需預算，不宜在國防經費中編列，亦不宜列入勞軍員額與對象。

三十一 案由：請政府輔助金門地區水產養殖事業，增加民衆收益繁榮地方建設案。

〔辦法〕

1.請政府寬列預算或專案補助。

2.請農業委員會或台灣省指派水產養殖專家、技術人員前往實地指導。

〔提案人〕謝炳南

〔連署人〕吳永成等

〔行政院辦理情形〕

1.行政院農委會以往曾多次邀請水產養殖專家與技術人員，赴金門指導水產養殖事業。本年四月十九日農委會漁業處長並率有關科長、技正赴金門現地指導有關漁業發展計畫。

2.七十四年度農委會曾核定金門漁業示範及推廣計畫、漁業產銷改進計畫、田墩養蝦專業區開發計畫等，並補助經費一千二百四十萬元。

3.近年來曾運用基層建設經費，補助金門挖建漁塭五口，及豎立蚵樁九十一組。

三十二 案由：請政府指定公立各大醫院收療金馬後送病患，以爭取時效，確保康復案。

〔辦法〕

1.請衛生署指定，台大、三總、榮總等大醫院預留病床若干。

2.請政府以特約方式指定公立醫院優先收療住院。

〔提案人〕謝炳南

〔連署人〕吳永成等

〔行政院辦理情形〕

1.關於請台大、榮總、三總等預留病床若干之建議，本院衛生署已函請上述醫院配合辦理，並接獲已有完善照顧或優先收醫之函覆，另部分醫院正積極協調中。

2.至於請政府以特約方式指定公立醫院優先收療住院乙節，本院衛生署亦以七

十四年四月廿四日衛署醫字第五三二一二六號函請台北市政府辦理。

3.爲加強對金馬地區居民之醫療保健服務，自七十二年度起，本院衛生署分別輔導該二地區之縣政府擬訂計畫加強執行，並補助其經費，充實其設施，給予技術指導，協助訓練醫護保健人員，同時並洽請榮總、台大等大醫院，前往義診。

三十三 案由：請中國青年反共救國團總團部給予金門來台就讀大專院校學生暑期工讀機會，以減少家長負擔案。

〔辦法〕

1.請救國團提供金馬青年暑期工讀生機會，並予優先介紹工作。

2.請青輔會若有短期（利用暑期）工作提供機會。

〔提案人〕謝炳南

〔連署人〕吳永成等

〔行政院辦理情形〕

本案已由教育部函請中國青年反共救國團查照辦理。

三十四 謝代表炳南等三十二人提：請提高金門磁土運銷數量，以充裕財源，促進地方建設案。

〔辦法〕

1. 請榮產中心提高運銷數量，供應國內外廠商。

2. 請榮產中心會同有關單位再度試驗用於工業化學原料或開拓日本東南亞市場。

〔提案人〕謝炳南

〔連署人〕劉澄清等

〔行政院辦理情形〕

金門磁土運銷數六十六年已達五萬五千噸，六十七年又增至六萬一千噸，今年運銷數每月爲六至七千噸不等，預計一年之總量當較去年增加，今後榮產中心當盡可能努力開採以及運銷台灣，以裕金門之財源，而促進地方建設。

三十五 謝代表炳南等三十一人提：請改善台、金間空中交通，增加政委會班機次數，以便利民衆搭乘案。

〔辦法〕

1. 請政府研究可否准予民航機飛行台、金航線。
2. 請將原政委會班機每月四班（架）次，增加爲六班（架）次，或八班（架）次，除公教人員含眷屬，仍享受免費外，一般民眾由政府核定票價，購票搭乘，至於有關細節由政府訂定辦法或規定實施。

〔提案人〕謝炳南

〔連署人〕劉澄清等

〔行政院辦理情形〕

金門政委會班機，原爲每月兩班次，現已增加爲每月四班次，該班機係供政委會因公使用，以及華僑與老弱就醫民眾搭乘，至一般民眾往返台金之間交通，則免費搭乘海軍船艦，人數不受限制。

三十六 謝代表炳南等三十二人提：請政府指撥專款興建金門縣立綜合醫院，並充實醫療設備案。

〔辦法〕

1.請政府指撥專款興建綜合醫院一所，或將現有衛生院加以擴建改制。

2.充實醫療設備，購置各種專科檢驗儀器。

3.請榮總、三總、台大等各大醫院經常輪流派遣支援大夫蒞金作短期服務。

〔提案人〕謝炳南

〔連署人〕劉澄清等

〔行政院辦理情形〕

金門衛生院，除設有各科病房外，並於尚義軍醫院興建民眾病房，由軍醫院支援醫療作業，金門人口僅五萬餘人，醫療設施尚敷應用。

三十七 謝代表炳南等五十二人提：請政府在金門設立大專院校夜間部聯招考區、或報名處，以利前線考生、培育戰地人才案。

〔辦法〕

1.請政府比照大學日間部聯招，在金門設立夜間部及專校聯考考區。

2.請夜間部在金門設立報名處，指派專人前往辦理。

3.請委託金門戰地政務委員會或福建省立金門高級中學代辦報名手續。

4.請比照軍中青年，採行通信報名。

〔提案人〕謝炳南

〔連署人〕陳仁官等

〔行政院辦理情形〕

大學夜間部聯招已訂有「金門高級中學畢業生委由金門高級中學代辦報名辦法」。至於在金門設立考區一節，教育部已錄案請明年聯招會研究。

三十八　謝代表炳南等五十三人提：請中華電視台在空中大學部增設教師進修課程，以利金門前線教師進修，提高教育效果案。

〔辦法〕

1.請教育部依據實際需要再賡續辦理暑期進修。

2.請中華電視台於空中大學部，增闢在職中小學教師進修課程。

〔提案人〕謝炳南

〔連署人〕陳仁官等

〔行政院辦理情形〕

目前所辦之空中大學選修科目，因超高頻道發射範圍尚無法遠達金門，故該地區教師暫將無法利用此項選修科目進修。

三十九　謝代表炳南等五十二人提：請政府儘速核撥專款補助金門地區購建客（貨）輪，以改善台金海上交通，便利民衆搭乘案。

〔辦法〕

1.請政府速責成有關部會進行辦理，並速撥專款支應。

2.在未建造新船航運時，請恢復原每月四航次。

3.寒暑假及春節前後請依實際需要，機動加開航次疏運。

4.請高雄港聯檢人員，每逢有船期，加派人員，便利驗照檢查作業。

〔提案人〕謝炳南

〔連署人〕廖金順等

〔行政院辦理情形〕

1.關於建造客貨兩用船一案，現正由交通部、國防部、財政部會同審議中。

2.因海軍任務繁多，爲節約海軍兵力及國家公帑，經檢討運補，護航辦法，修正爲三航次，實施以來，民眾來往台金並無減少，成效甚佳，民眾如有緊急事故，可由金門戰地政務委員會代辦搭乘台金班機往返。

3.國防部已令警備總部，並副知海軍總部，協調高雄港聯檢中心加派人員配合作業。

四十 謝代表炳南等五十二人提：請政府轉請台灣省菸酒公賣局准予金門高粱酒在台銷售案。

〔辦法〕

1.請政府准予金門高粱酒在台銷售。

2.請政府及公賣局協助金門高粱酒推展外銷。

3.請台灣省菸酒公賣局增加承購數量。

〔提案人〕謝炳南

〔連署人〕許國雄等

〔行政院辦理情形〕

1.關於建議政府准予金門高粱酒在台銷售乙節，查台灣地區實施菸酒專賣，其產製銷售均由公賣局依照「台灣省內菸酒專賣條例」有關規定辦理。金門地區並未納入專賣範圍，惟為充裕地區財源，公賣局已自五十二年度起每年收購金門散裝高粱酒四十八萬公斤，六十六年度起提高收購數量每年為一七五萬公斤，並自七十二年度起為使金門酒產量有適度成長，復同意五年內由年產量二五〇萬公斤逐年成長四%，公賣局收購數量亦隨同產量成長比率增加。

2.關於協助金門高粱酒推銷乙節，前已交由中央信託局及公賣局協助研究改良金門高粱酒品質及外銷品包裝等，並透過公賣局現有國外銷售網積極推銷。經中央

信託局貿易處於本年三月八日分別致函公賣局各地區酒類代理商，請在推銷該局產品時將金門高粱酒類一併向客戶推介，以增加金門高粱酒類銷售。

四十一　謝代表炳南等四十九人提：請政府改善台金空中交通，更換機型時，民眾機位以售票方式辦理，以便利民眾搭乘案。

〔辦法〕

1.請政府裝設現代化之導航設備，以免夏天金門霧季，能如期降落，藉免影響疏運。

2.改換機型後，每航次保留固定數額，出售民眾購票搭乘，有關細則，另訂辦法公佈施行。

3.請政府依照民眾人數需求，撥出固定數額供民間乘坐。

〔提案人〕謝炳南

〔連署人〕楊育元等

〔行政院辦理情形〕

台金空中交通已於本（七十三）年四月七日起，啓用新購之波音七二七型客機，每架次固定分配民眾七個機位，另配合原有機型之分配數量，目前全月計達三三〇個機位，較前增加二倍量，均免費搭乘。俟機場設施全部完成後，七二七機架次增加，分配民眾機位亦將增加。至民眾機位以售票方式辦理，因涉及問題頗多，尚不宜辦理。

四十二 謝代表炳南等五十三人提：請政府增加輔助金馬地區「基層建設」經費，及農發會補助計畫金額，以強化地區建設，促進繁榮案。

〔辦法〕

1. 請政府增加金馬地區基層建設經費。
2. 請農發會增加金馬地區補助計畫項目及金額。
3. 請台灣省（市）及相關單位大力支援金馬地區各項建設專家技術人員之協助。

〔提案人〕謝炳南

〔連署人〕廖金順等

〔行政院辦理情形〕

1.行政院依照七十四年度計畫，及預算審核會議所訂審議進行辦法，衡酌政府財政狀況，把握「收支平衡並兼顧各部門施政重點需求」之原則，慎加檢討後，仍援例編列外島地區基層建設經費一億零六十六萬元，農建預算經費七千萬元以加強基層建設，增進農民福利，縮短都市與鄉村生活差距。唯馬祖地區，多為山丘，甚少平地，農業發展落後，若能增加補助，對地區發展，當助益甚大。

2.中央暨省市相關單位，均能適時應金馬地區需求，派遣專家及技術人員前往指導支援。

四十三　謝代表炳南等五十三人提：請政府加強培植戰地建設人才，參加大專院校聯考金馬考生准予加分優待，以示關愛偏遠地區青年學子之德意案。

〔辦法〕

1.請比照軍中服役期滿退伍青年加分標準。

2.請比照駐外人員子弟或邊疆子弟酌予加分錄取。

3.請將原保送師大、教育學院、醫學院或科技專校，酌再增名額。

〔提案人〕謝炳南

〔連署人〕陳仁官等

〔行政院辦理情形〕

1.大學入學考試，競爭激烈，金馬地區使用之教材、師資及設備，均與本島地區相同，基於教育機會均等原則，若予加分優待，似失公平。

2.金馬地區保送案，係依據地區中、長程人力運用計畫，由政委會擬訂保送計畫申請書（保送學校、科系、名額），經國防部核轉教育部核定之：有關「酌再增加保送名額」乙節，國防部已密切配合地區各項建設需求積極辦理。

四十四　案由：謝代表炳南提請政府儘速在金門設立電視轉播台，以利前線軍民收看，而勵民心士氣案。

〔行政院辦理情形〕

國防部總政治作戰部，已自民國六十五年九月開始著手，興建金門地區政教電視轉播站，現已完成，對於教育軍民、激勵士氣方面，深具績效。

四十五 **案由：謝代表炳南提議考選部今後舉辦高普（檢）高普（考）請在設立考區或試場，以便利前線青年應考案。**

〔行政院辦理情形〕

經國防部函請考選部參辦，據考選部函覆，本年高普考在高雄試辦設立考區，今後視人力財力狀況將是項建議列入考慮。

附註：本兩案係以臨時動議提出故無連署人。

四十六 **請政府專案補助金門地區興建綜合運動場（體育館），並補助各級學校體育器材，以促進全民運動案。**

〔辦法〕

1. 請政府專案補助金門地區興建綜合運動場（體育館）一座。

2.請政府補助金門各級學校體育器材。

3.請全國體育協會及各單項協會支援經費及器材。

〔提案人〕謝炳南

〔連署人〕吳永成等

〔行政院辦理情形〕

1.金門目前已有一座金城綜合運動場，並計畫於東林另行整建一座，足敷軍民活動與比賽之運用，與輔助當地體育訓練之發展。

2.本年度經指定中正、金湖兩所國小重點發展棒球運動，每校各補助新台幣壹拾萬元，另輔導中正國小成立體操實驗班，計補助新台幣伍拾萬元，以充實各項設備。

3.此外，全國體協每年對金門體育會發展體育及充實器材設備，亦有經費支援。

四十七 **案由：請政府儘速訂定金馬地區公務人員及中小學校長後調制度，以激勵戰地公教人員士氣案。**

〔辦法〕

1.請政府速訂金馬地區公務人員及中小學校長後調辦法。

2.請台灣省、台北市、高雄市政府增加每年教師後調名額。

〔提案人〕謝炳南

〔連署人〕湯阿根等

〔行政院辦理情形〕

1.訂定金馬地區公務人員後調制度部分：

金馬地區公務人員之任用，係依「戰地公務人員管理條例」規定辦理。該條例第二條規定：「戰地公務人員之選派，如適用法定資格有困難時，得由戰地最高行政長官斟酌該管地區實際情形，並按職務上必要之學識、經驗、才能、體力等標準，就下列人員選派之：（一）隨軍前進之戰地工作人員，（二）原在敵後之我方工作人員或游擊人員，（三）各機關儲備登記人員，（四）淪陷區之我方忠貞人員，（五）反正立功人員，（六）中等以上學校畢業及其他志願或適用於戰地工作人員。」因此目前服務金馬地區之公務人員，並非全部具備一級公務人員任用資格，無法充分調任台灣地區服務。

2.訂定金馬地區中小學校長後調制度部分：

目前教育部已訂有「金馬地區國民中小學教師申請來台服務處理要點」，爲每年定期辦理金馬地區教師申請來台服務處理之準據；至於中小學校長是否比照辦理，因涉省市教育行政主管機關人事權責，教育部已多次會同有關單位研議，尚無妥當結果。

四十八 **案由：請政府指撥專款，提供金馬地區建設經費，以促進前後方均衡發展案。**

〔辦法〕

1.請政府指撥專款，提供金馬地區巨額建設經費。

2.由金馬地區針對實際需要，訂定計畫，報由中央全額補助。

3.請政府逐年增加金馬地區基層建設經費補助。

〔提案人〕謝炳南

〔連署人〕吳永成等

〔行政院辦理情形〕

1.政府爲加速金馬地區各項建設，自七十年度起每年均編列補助金馬地區加強基層建設經費，由戰地政務委員會統籌計畫分配，計七十年度二億元，七十一至七十五年度各一億元，七十六年度中央政府總預算案內繼續編列一億元，以提升金馬地區人民生活品質。

2.鑒於該地區財政困難，近數年來中央均於主管機關項下編列農業發展、醫療、教育等各項補助經費。自七十四年度已將金門、馬祖高中等三校改爲國立，以減輕其財政負擔。又爲平衡連江縣政府預算收支差短，除七十五年度經由本院輔助二、〇〇〇萬元外，七十六年度中央政府總預算案亦經編列補助二、〇〇〇萬元。今後仍當視實際狀況繼續予以補助，以促進金馬地區各項建設之均衡發展。

四十九 案由：請政府分發師院、師專、師範學校音樂、美勞、體育唱遊科應屆畢業生，前往前線金門實習教學案。

〔辦法〕

1.請政府分發各該科應屆畢業生前往金門實習教學。

2.請經常指派教授前往金門指導，或巡迴講習與觀摩。

〔提案人〕謝炳南

〔連署人〕吳永成等

〔行政院辦理情形〕

1.師範校院結業學生分發實習服務，係依省市所屬學校缺額辦理。近年因金、馬地區師資已略呈供過於求現象，故除金馬地區原保送師範校院就讀之學生分發回籍外，無法再就其他結業生分發該地區實習服務。

2.建議師專畢業生分發金馬地區實習及指派教授前往金門指導或巡迴講習各節，已囑國防部視實際情形辦理。

五十 案由：請政府指撥專款，在金馬興建文化中心，以提升全民生活品質案。

〔辦法〕

1.請政府儘速指撥專款，俾以興建。

2.請後方文藝活動團隊，前往公演，兼作勞軍之用。

〔提案人〕謝炳南

〔連署人〕吳永成等

〔行政院辦理情形〕

七十六年度中央政府總預算案中，本院對金馬地區續再編列補助基層建設經費一億元（未列明項目，由戰地政務委員會統籌計畫分配）。惟金馬處前線，大型建築物不宜太多，目前已有社教館、中山育樂中心、中正公園、民俗文化村等文教活動場所。如再興建文化中心，從建築經費解決，而人事、維護及活動等經費，均有困難，故本案宜予暫緩。

五十一　案由：請政府今後舉辦全國性基層幹部活動時，應將金馬地區納入參加對象，以示公平案。

〔辦法〕

1. 請政府今後舉辦全國性各項活動時，應將金馬地區人員列入參加對象。

2. 請政府不定期請金馬地區有關人員來台參觀，各項建設。

〔提案人〕謝炳南

〔連署人〕林淵欣等

〔行政院辦理情形〕

金門、馬祖地區係經政府於民國四十五年，爲適應戰時需要，統一戰地軍政指導，而將上述兩地劃定爲戰地政務實驗區，授權國防部指揮監督，其性質異於台灣地區之一般基層組織，然金馬地區之基層幹部貢獻地方建設，亦備極辛勞，實應適時予以鼓勵。今後凡舉辦各項全國性基層幹部活動時，將由有關部會協調國防部配合辦理。

五十二　案由：請政府積極檢討台金空中交通，增加民衆搭乘人數，以疏解擁擠現象，便利民衆搭乘乘。

〔辦法〕

1.請政府研議開航民航措施。

2.重新檢討民眾每日搭乘人數，提高爲二〇%（即將原來配額增加一倍）。

3.民眾（包括公教人員）以售價方式辦理。

〔提案人〕謝炳南

〔連署人〕黃安慶等

〔行政院辦理情形〕

台、金班機搭載公、教人員及民眾，爲一便民措施。目前空軍每週飛航金門727機十四架次（民眾佔10%機位）、C119二架次（民眾佔100%機位）共可搭載往返人數三九二人，且重大慶典節日，均增派飛機疏散民眾（如七十六年春節期間，空軍共出勤各型運輸機三十六架次疏運軍民約三千餘人次）。國防部並已會同交通部研擬台金航線飛行民航班機，以應金門戰地人民之需求。台金民航班機已於

九月十一日開航。

五十三 案由：請政府儘速檢討台金海上交通，增開交通船隻，以便利民衆全數往返案。

〔辦法〕

1.請政府重新檢討現行航運措施。

2.每航次視實際需要加開船隻，便利民眾往返。

〔提案人〕謝炳南

〔連署人〕黃安慶等

〔行政院辦理情形〕

1.為改善台金海上交通，已建造新型AP艦六艘，供官兵民眾往返搭乘，並按搭乘人員比例，每艘均分配民眾七〇—一三〇員，年節及寒暑假民眾學生往返人數眾多時，則增開航次或另派LST艦疏運（七十六年度春節期間，即加派一航次專供運送民眾之用），經檢討均可適時清運。

2.另於七十五年全國行政會議中所提「請建造客貨兩用輪一艘航駛外島案，本院已核交交通部研辦中。

3.凡經邀請之參訪及勞軍團體，均未占用原核定分配地區公教民眾搭乘人數。

五十四 案由：請政府便利金門民衆出國觀光旅遊，以示公平案。

〔辦法〕

1.請政府儘速修改台澎地區出國觀光旅遊辦法（加入金馬地區）。

2.請政府便利金馬地區民眾出國觀光。

〔提案人〕謝炳南

〔連署人〕黃安慶等

〔行政院辦理情形〕

國防部已於七十五年五月十五日以（75）法沽字第八九零八號函請內政部修正出國觀光規則第二條之限制，准許金馬民眾以觀光名義出國至自由地區觀光。經協調據告，該部擬俟政府宣布解嚴後，併入其他條文同時檢討。

五十五 **案由：請政府開放台金自動電話，以便利商人及民間連繫案。**

〔辦法〕

1.請政府開放台金自動電話，便利民眾連絡。

2.如基於安全因素，請以局部開放，由電信局管制若干門路，提供民間通話之需要。

〔提案人〕謝炳南

〔連署人〕黃安慶等

〔行政院辦理情形〕

本院已於七十六年二月十二日以台七十六祕字第二五五三號函交通部研處中。

五十六 **案由：請政府列入年度預算，補助金門地區電價差額，以示嘉惠前線民衆德意案。**

〔辦法〕

1.請政府比照台灣電力公司價格，補助差額，並列入政府年度預算，或指撥專款支應。

2.將福建金門、馬祖兩電力公司，劃入台電公司統一經營，使全國電價劃一。

3.請政府將金馬兩電力公司，列入國營事業單位，由經濟部直接經營。

〔提案人〕謝炳南

〔連署人〕林應專等

〔行政院辦理情形〕

壹、國防部辦理部分：

1.所指金門電價與台灣電價之差額，請中央補助一節，國防部前曾報院；惟台電屬國營事業，而金電則屬地方公營事業，且台電公司營業範圍限於台灣地區，因此未便給予補助。

2.金門地區電費，係因使用柴油火力發電，致成本較高，惟對地區發電所需柴油，國防部已比照戰備用油，以最低價格價配每加侖二十七元五角，已使金電公司，於本（七十六）年三月一日再次降低電價，以減輕當地軍民之負擔，今後當繼

續更新設備，改善營運，以求發電成本之降低。

貳、行政院主計處辦理部分：

1.金門、馬祖兩地區電力公司均裝置柴油發電機，由國防部依軍用油價配售輕柴油供作燃料，在電價成本上，該兩地區已受到政府之相當照顧。

2.台灣電力公司對金、馬地區電力公司除長期提供人力、物力支援，並援助其營運工作人員津貼外，每年均編列有「支援前方戰地電力建設」預算予以補助。若再對用電給予補貼，勢必轉嫁於台灣地區用戶，而影響電價結構。

3.金門地區全年售電量中，軍方用電占四四．四％，馬祖地區軍方用電占七〇．七％，上述電費，均由國防部編列預算支應。

4.基上所述，金、馬地區民眾所需支應電價已較減輕，而年度中央政府總預算中央對金、馬地區之補助，每年均有增加，顯見中央對金馬地區之加強照顧。

五十七 **案由：請政府將金門及馬祖地區財政納入中央預算，依照「財政收支劃分法」，統收統支辦理案。**

〔辦法〕

1.請將金馬地區地方財政納入中央預算，依照「財政收支劃分法」統收統支。

2.請政府對金馬地區預算編列赤字金額補助。

3.請政府核撥專款，供金馬地區從事地方建設之用。

〔提案人〕謝炳南

〔連署人〕余乃焜等

〔行政院辦理情形〕

本案涉及預算收支、財政劃分及增加金馬地區國民賦稅負擔權益等法律規定及國家體制問題，本院當審慎研究。

五十八 案由：請政府核撥中油盈餘款，供作金馬地區環保及地方建設案。

〔辦法〕

1.請政府撥給中油公司盈餘款二億元，供金馬地區使用。

2.請政府加速金馬地區基層建設及環保設施之補助。

〔提案人〕謝炳南

〔連署人〕余乃焜等

〔行政院辦理情形〕

1.七十六年度中國石油公司超額盈餘，按審計部審定決算，除依法提撥公積金外，餘二百九十一億五千八百三十萬元，已全數由該公司解繳國庫，專款專用。

2.七十六年度中油公司超額盈餘，政府決定以專款專用方式辦理急迫需要之交通建設與環境保護計畫，追加預算案，已奉　總統公布實施，其中金馬地區共補助九千一百五十萬元辦理垃圾處理計畫。

3.此外，關於地方建設：中央已於十四項重要建設中之基層建設計畫項下，每年編列預算一億餘元補助金馬地區辦理基層建設，總計自六十九年至七十七年已補助十一億元，以充裕其建設費用。

五十九　**案由：請政府開放台金馬長途自動電話，以便利民間通訊案。**

〔辦法〕

1.請政府開放台金馬自動電話。以符民望。
2.請交通部及電信部門從速著手計畫並付之實施。

〔提案人〕謝炳南　陳仁官

〔連署人〕余乃焜等

〔行政院辦理情形〕

1.交通部電信總局已就本案之可行性及處理方式積極研議中。
2.台、金及台、馬間目前無電路可供開放長途通話業務。
3.台、金間光纖海纜，預定於民國七十九年完工，台、馬間海纜現正規劃中。

六十

案由：請政府在金門設立豬肉罐頭加工廠，以紓解毛豬滯銷，增加地區青年就業機會案。

〔辦法〕

1.請政府在金門設立豬肉加工廠，以資紓解毛豬滯銷，提供就業機會。
2.請儘量減少軍中飼養毛豬頭數。

3.請政府補給金門駐軍豬肉罐頭，改發代金，在金購買豬肉作爲副食。

〔提案人〕謝炳南

〔連署人〕余乃焜等

〔行政院辦理情形〕

金門地區在養毛豬已呈生產過剩，肉豬發生滯銷，但其售價則較台灣地區高出百分之五十，且當地電價亦高，故就原料、動力等成本因素分析，目前尚無設置肉品加工廠之必要。惟爲解決該地區毛豬生產過剩，將從豬場飼養管理及技術改進等方面繼續予以加強，並淘汰部分成本高、經濟效益低之養豬戶。

六十一　案由：請政府在金馬地區，辦理農民保險，以保障農民權益，增進農民福利案。

〔辦法〕

1.請政府速在金馬地區辦理農民保險。

2.如地方政府、農會，因經費拮据，除農民自付保費外，餘由中央專案補助。

〔提案人〕謝炳南　陳仁官

〔連署人〕佘乃焜等

〔行政院辦理情形〕

1.目前金、馬地區農保業務，係規定得依照北、高兩市辦理農保之方式，將未滿七十歲且無參加勞保或其他社會保險之農會會員向勞工保險局申報加保。其保費由中央補助百分之二十五，縣政府補助百分之二十五，農會補助百分之十，被保險人自行負擔百分之四十。

2.建議如地方政府、農會，因經費拮据，除農民自付保費外，餘由中央專案補助一節，當留供規劃立法時參考。（按已實施）

六十二　案由：請政府檢討修正金馬地區現行法規案。

〔辦法〕

1.屬政府各部會者，由各部會辦理。

2.屬地區性者由地區檢討辦理。

〔提案人〕謝炳南

〔連署人〕余乃焜等

〔行政院辦理情形〕

金馬地區現行法令規章，經國防部通盤檢討結果，認爲須加修正或廢止者，正協調有關單位依權責及規定程序辦理中，以符現況需要及便民要求。

六十三　案由：台金民航班機開放，請政府依據民衆需求，採取機動加班案。

〔辦法〕

1. 請政府與遠東航空公司，依據民眾需求，機動加班。
2. 寒暑假及春節期間不限每日一個班次。
3. 如因天候不良停飛，請於當日下午或翌日補飛，以資便民。

〔提案人〕謝炳南

〔連署人〕余乃焜等

〔行政院辦理情形〕

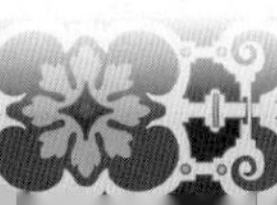

1.台金航線自七十六年九月十一日由遠東航空公司飛航民航班機以來，因金門仍屬戰地限制較嚴，金門機場地面設施及作業能量有限，尚無法按民眾需求機動加班；惟七十七年春節前後十天每天飛航三班次，便利金門民眾往返搭乘。

2.交通部民航局正協調軍方在金門機場設置民航站，增設民航專用停機坪候機室，以求徹底改善。

六十四 案由：請政府給予金馬地區公務人員、中小學校長，每年配額若干名，調台服務，以資鼓勵案。

〔辦法〕

1.請政府每年配額若干人調台服務。

2.請將教師調台，擴至中小學校長。

〔提案人〕謝炳南

〔連署人〕余乃焜等

〔行政院辦理情形〕

本院前於七十年、七十六年二度通盤研究，其結論認爲限於任用資格（目前服務於金馬地區部分公務人員係以「戰地公務人員管理條例」進用，未具考試及格之任用資格）及整體平衡（澎湖、綠島並無特別調台服務名額規定），仍以循現行個案協調方式辦理爲宜，建議每年配額若干名調台服務一節，確有困難。

六十五 案由：中共漁船侵越我海域，請政府速謀對策，迅即採取有效措施以維護我漁民生命財產及國家安全案。

〔辦法〕

1. 請政府速謀對策，加強海防部署，防止中共藉機滲透，維護國家安全。
2. 請海軍加強海域巡弋，保障復興基地台澎金馬漁民生命財產之安全。

〔提案人〕謝炳南

〔連署人〕余乃焜等

〔行政院辦理情形〕

有關加強漁民自衛措施與互助作爲，不與大陸船隻接觸等宣導工作，警政署各

沿海警察局船舶及安檢單位，均不斷實施宣導及協助。

六十六 **案由：請政府速請中國電視公司、台灣電視公司，在金門設立轉播站，以供軍民收看，而勵民心士氣案。**

〔辦法〕

1.請政府速請二家電視公司，在金設立轉播站。

2.所需經費請優先考慮，設備、技術，華視已有成例可循。

〔提案人〕謝炳南

〔連署人〕余乃焜等

〔行政院辦理情形〕

金門地區因屬前線戰地，前因微波系統尚未完成，恐影響戰地通訊及戰管雷達等作業未予同意。今金門微波系統已完成使用，原顧慮因素可經由測試予以克服。本院新聞局已函請中國電視公司與台灣電視公司就設置金門地區轉播站，及早規劃可行方案，刻正由該二公司積極研議中。

六十七　案由：**請政府檢討台金現有民航措施，研討妥善因應辦法，以落實政府德意案。**

〔辦法〕

1.請政府檢討台金民航措施，關注遠航機齡老舊及產權糾紛，研議因應辦法。

2.台金航線請依照實際需要，機動加班以紓解一票難求現象。

3.屆齡飛機勿飛行台金線，並加強維護以策安全。

4.復興航空公司台金航線請提前於七十八年春節開航。

5.民用航空站速予發包興建。

〔提案人〕謝炳南

〔連署人〕張簡將弘等

〔行政院辦理情形〕

1.台金航線自七十七年十一月一日起遠航班機增為每週往返十架次，已敷需求。有關機動加班，遠航可依實際需要，於加班前三日向空總提出申請，空總原則

均予同意。

2.國防部已於七十八年一月二十五日函請民航局督導遠航汰換逾齡機及加強飛機維修工作，以紓解航安顧慮。

3.七十八年春節期間，遠航以最大能量加班提供一百五十二班次較七十七年同期增加四十四班次（往返），配合海軍交通船及「金門快輪」之輸運，已順利載運金門民眾返金過節。

4.遠航機齡老舊及產權糾紛，交通部民航局針對逾齡飛機，加強檢查頻率，並確實執行限航規定，以確保飛安，至於產權糾紛於七十八年一月十七日已由台北地方法院裁定指派蔣洪彝先生擔任該公司臨時管理人全權處理遠航正常運作，並促使飛機汰舊換新計畫，儘早提出實施。

5.有關屆齡飛機勿飛行台金線，交通部民航局儘可能要求遠航作適當調派，至於逾齡機管制使用及措施（高度限制及艙壓限制等），該局亦將嚴格執行以策安全。

6.復興航空公司目前擁有ATR——四十二型機二架，經營台北——高雄、台北——馬公、高雄——馬公三條航程往返十六架次，至於高雄——金門航線，因受高雄航空站候機室面積過小無法分隔使用，以及金門航空站尚未成立，停機坪容量不足，目前仍無法開航，俟各項限制因素解除後，即可籌劃開航。

7.金門航空站之設立，交通部民航局正積極規劃，已派員會同軍方勘察場地，並編列二億七千萬元預算，預計民國八十年底可以完工啓用。

六十八 案由：請政府專案補助金門興建運動公園案。

〔辦法〕

1.請政府以專案補助方式辦理，一次規劃分期完成。

2.請政府將需款一億二千五百九十六萬元，逐年編列預算支付。

〔提案人〕謝炳南

〔連署人〕趙昌平等

〔行政院辦理情形〕

教育部於七十七年十月十三日函復有關金門地區興建運動公園案，因七十九年度概算已作業完竣，俟編列八十年度概算時再行核辦。

六十九　案由：謝代表炳南等三十七人提請政府速撥專款在金門暨馬祖興建文化中心，以加強文化建設社會活動之推展，提升全民生活品質案。

〔辦法〕

1.請政府比照補助台灣省撥出專款補助，以利興建。

2.請政府指撥專款七千二百萬元。馬祖地區並請比照辦理。

〔提案人〕謝炳南　陳仁官

〔連署人〕張簡將弘等

〔行政院辦理情形〕

在金、馬地區興建文化中心，教育部刻正會同國防部研議中，中央將在五年內撥款一億二千萬元補助。

七十　案由：請政府增加補助金馬地區「基層建設」經費，以強化地區建設，並提升民眾生活品質案。

〔辦法〕

1.請政府增加金馬地區「基層建設」經費。

2.請政府研訂補助項目及計畫，並予經費支援。

3.請專家學者多作技術上之指導與改進。

〔提案人〕謝炳南　陳仁官

〔連署人〕張簡將弘等

〔行政院辦理情形〕

1.本院衡酌中央財政狀況，針對金馬地區實際需要及工作負載能量，逐步調增補助「基層建設」經費，以改善民眾生活環境，提升民眾生活品質。

2.三個年度補助經費如次：

（一）七十七年度補助一億元。

（二）七十八年度補助一億一千萬元。

（三）七十九年度編列補助一億三千三百萬元。

3.今後本院當衡酌財力賡續予以補助。

七十一　案由：請政府更加速金馬建設，使模範縣更精進，做為以三民主義統一中國政治號召案。

〔辦法〕

1.請政府加速金馬建設。作爲對大陸有力政治號召。

2.凡金馬地區具有建設條件者，應一併列入建設項目。

3.請政府補助鉅額經費，促進地區繁榮與發展。

〔提案人〕謝炳南

〔連署人〕張簡將弘等

〔行政院辦理情形〕

本案業經本院祕書處於七十八年二月三日以台七十八祕字第三二二四號函送請有關機關研處。已由行政院經建會研訂「金門地區綜合建設計畫」中。

七十二 案由：請政府對支領一次退休金公教人員公保保費不予調整，以保障其權益案。

〔辦法〕

1. 請政府對支領一次退休金公教人員，公保保費不予調整。

2. 請修改辦法，將領一次退休金人員之保費固定，或再設計增加政府補助方式辦理。

〔提案人〕謝炳南等

〔連署人〕張簡將弘等

〔行政院辦理情形〕

本案經轉准主管機關銓敘部民國七十八年三月二十三日（78）台華特一字第二五一三六二號函覆略以：「查退休公務人員暨其配偶疾病保險因係本財務自給自足之原則而開辦，故於研議過程中爲減輕支領一次退休金退休人員負擔，本部雖曾多次協商有關機關擬將一次退休金人員之保險俸額予以固定，惟因各機關基於健全保險財務結構及被保險人既享相同醫療照護即不宜有差別保險費負擔之考量，故除少數自原退休人員保險改參加退休公務人員疾病保險之領一次退休金人員之保險俸額不予調整外，其餘人員均應隨同等級現職公務人員保險俸額調整。惟鑒於此項保險俸額規定對早期退休支領一次退休金人員確有負擔不輕之感，爰經本部多次協商有關機關意見，於民國七十七年七月六日由考試院會同行政院修正發布『退休公務人員疾病保險辦法』，增訂第八條第二項規定，於民國六十八年十二月底以前退休支領一次退休金生活困苦人員，經本人申請機關查證屬實，其因保險俸額調整所增加之保險費由原服務機關予以補助。俾在不影響保險財務結構原則下，實質減輕生活困苦支領一次退休金人員負擔。又為期對保險俸額規定有較妥善之解決，本部仍正積極研議改進方案，進一步與有關機關協商中。」

七十三 案由：請政府儘速洽商中視、台視公司，比照華視在金門設立轉播站，使軍民有一機看三台之權利，以示關懷前線軍民同胞之德意案。

〔辦法〕

1.請政府主動儘速洽商台視、中視公司，在金門設立轉播站。

2.所需經費、技術、設備，華視已有成例，可資參考。

〔提案人〕謝炳南

〔連署人〕張簡將弘等

〔行政院辦理情形〕

關於中視及台視在金門設置轉播站一案，經本院新聞局多次進行協調，並舉行多次會議，有關頻道問題，經交通部與國防部通信電子局會商，已獲解決。刻正由本院新聞局就經費問題，分別與國防部、中視、台視有關人員會商，俟定案後，即可辦理。

七十四　案由：請政府評估將國立金門高級農工職業學校，改制為專科學校案。

〔辦法〕

1.請政府研議評估改制專科學校之可能性。

2.在師資培養預做準備。於適當時機改制，以符民望。

〔提案人〕謝炳南

〔連署人〕張簡將弘等

〔行政院辦理情形〕

1.教育部爲擴增職校畢業生服務、進修管道，改進專校制度，增設綜合性技術學院，已成立改進技術職業教育制度研究小組，作整體規劃。

2.職校改制專科，除應充實設備，妥善安排師資轉換外，尚需審酌地區之實際需要及有關條件，並兼顧均衡發展之原則，所提建議，留供研參。

七十五 案由：請政府重視金門青年就業問題案。

〔辦法〕

1.請政府輔導金門青年就業。

2.請政府輔助金門地區農業、水利經費。

〔提案人〕謝炳南

〔連署人〕張簡將弘等

〔行政院辦理情形〕

金馬地區幅員狹小，資源短缺，就業市場確受限制，但數十年來經軍民努力開發，及近年中央大量支援下，從職教、技訓等方面大量培養人才，整體發展工、商、農、漁、牧業及地區手工藝特產業的規劃建設，農業方面已開發出蔬果、小麥、高粱等農耕技術，牧業、養殖、雞、蛋等生產亦大幅大量提升，新市集工商發達，工礦手工、加工業亦予以獎勵設置，唯侷限於市場供需問題，雖政府大力支援提倡，一時尚難達理想地步。

七十六 案由：請政府儘速開放台金、台馬長途直撥電話，以應民衆需求案。

〔辦法〕

1. 敬請政府儘速開放自動電話。
2. 政府有關部會從速協調連繫，俾資順利提早實施。

〔提案人〕謝炳南等

〔連署人〕張簡將弘等

〔行政院辦理情形〕

爲溝通台金、台馬長途電話，國防部與交通部共同投資之台澎光纖電纜建設已於七十七年八月完工啓用，澎金光纖海纜，預定七十九年可完成，台馬光纖海纜預定於八十年完工。俟光纖海纜舖設完工，經測試後即可檢討開放。台金馬衛星長途電話已於民國七十八年十月十二日開放。

台金直撥電話已於民國八十年六月廿九日通話。

七十七 案由：七十九年春節，台金交通請政府妥為規劃以方便民衆搭乘案。

〔辦法〕

1.七十九年春節期間，台金空中交通請政府妥爲規劃，提供最大輸運能量。

2.請將現每週十班次，增加爲十四班次，每日往返二航次。

3.遠東航空公司機齡老舊，請政府加強督導維修，以策安全，並請遠東公司早日租購新機。

4.其他航空公司若有意飛航台金線，請協幫早日開航。

〔提案人〕謝炳南

〔連署人〕許崇凱等

〔行政院辦理情形〕

1.七十九年春節（十六天）台金航線除定期班機四十六架次外，另加班八十二架次，共飛航一百二十八架次，提供座位一萬四千四百六十四人，較七十八年春節疏運能量增加一千九百五十六位，增加率為百分之十五點六。

2.關於遠東航空公司老舊飛機問題，該公司於七十九年初根據美國FAA與波音公司所發佈之加強維護通報，已完成二十三項維修加強結構措施，並經民航局督導小組查核，故計畫於本年（七十九）年四月份起將台、金航線自每週十班次，增加為每週十四班次，以因應該航線民眾需求。另該公司租購新機計畫，亦在積極研辦中。

3.關於輔導其他航空公司加入台金航線問題，民航局正積極辦理中，並擬開闢高、金航線，以便利中、南部旅客搭乘。

七十八 案由：請政府從速核定「金門地區綜合建設方案」並付之實施案。

〔辦法〕

1. 請政府從速核定「金門地區綜合建設方案」，付之實施。
2. 凡不妨礙軍事安全者，應予開放，納入規劃方案。
3. 有關觀光旅館之興建，應交由地方人士或旅外金門籍鄉親投資，免被大財團從中操縱，減少紛擾。

〔提案人〕謝炳南

〔連署人〕孫榮吉等

〔行政院辦理情形〕

1. 本院經建會研擬之「金門地區綜合建設方案」，業經本院核定。
2. 本案除由國防部轉發金門縣政府參照辦理外，並由本院分行中央有關部會配合辦理。

七十九 案由：請政府加強金門地區交通建設，以促進繁榮進步案。

〔辦法〕

1.民用航空站，速發包興工，如期完成啓用。

2.台金海底光纖電纜速完成，以利電話直撥台金、金馬。

3.港口碼頭擴建或加長浚渫，以利大型客貨輪進出。

4.觀光資源整修、旅館之興建。

5.請內政部籌劃在金門地區爲一國家公園，並先在金門縣政府設置觀光科。

〔提案人〕謝炳南

〔連署人〕許崇凱等

〔行政院辦理情形〕

1.金門地區交通建設已涵蓋在本院經建會研擬之「金門地區綜合建設方案」中。

2.本案業經本院核定實施。

3.交通改善方面，台金交通繼台北——金門遠航班機及高雄——金門「金門快

輪」的良好營運，有效承擔運輸需求後，交通部正籌建「金門丙種航空站」及開闢高金航線，俟完成後，台金交通將更臻完善。

4.金門民航站區，其細部設計業已完成，俟審計部函覆同意交由中華工程公司承包，即可發包施工，預計八十一年六月底全部完成（因地處外島且需開挖山坡地，故需時較長）。

5.台灣至金門間已於七十八年十月十二日開放人工接轉之長途電話，目前台灣至金門之長途傳輸電路計有一百四十四路（其中數位微波電路九十六路，衛星電路四十八路），預計七十九年底，台灣至金門光纖海纜完工後，可提供相當二千零十六路音頻電路之傳輸容量，屆時將配合已完工之數位式電話交換機開放用戶長途直接撥號通路業務及傳真、數據等各類服務，可大幅提高通信可靠度及電信服務品質，嘉惠當地民眾，促進該地繁榮進步。

6.交通部運輸研究所，在「金門地區綜合建設方案」中，已將金門料羅港現有港地、航道改善浚深至低潮位下四點五公尺，以符目前迫切需要。遠程目標係在北堤北側外另建民用港，以利大型船舶進出。

7.有關開放金門觀光整修觀光資源一案，已由本院經建會在「金門地區綜合建設方案」中，列爲重點，通盤考量，積極推動辦理。

八十 案由：請政府增加補助金門地區「基層建設」經費，以加速地區建設，並提升民衆生活水準及品質案。

〔辦法〕

1.請政府增加金門地區「基層建設」經費。

2.請政府視地區需要，研訂補助計畫及項目，並補助金額。

3.請學者專家多作技術上之指導。

〔提案人〕謝炳南

〔連署人〕許崇凱等

〔行政院辦理情形〕

1.金門地區自六十九年度起，即由中央政府全額補助辦理基層建設計畫，包括：道路、防洪水利設施、碼頭整修、社區整建、改善自來水供應、水污染整治等

各項建設。補助經費亦視需要性、迫切性及地方執行能力逐年增加。七十八至八十年度中央共補助金馬地區三億九千八百萬元。除此之外，本院經建會研擬之「金門地區綜合建設方案」，已由本院核定實施，以加速金門地區之整體發展。

2.本院對金門地方建設，除經常收支差短酌予補助外，另對基層建設每年均編列鉅額補助經費，如七十七年度補助金馬地區基層建設一億元，七十八年度補助一億一千萬元，七十九年度補助一億三千三百萬元，八十年度編列補助一億五千五百萬元，均由國防部金馬戰地政務處統籌分配。此外本院農委會、交通部等機關每年亦均編列補助相關經費。今後仍將依該地區實際需要，繼續補助。

八十一　案由：請政府將金門、馬祖電力公司劃歸台灣電力公司經營案。

〔辦法〕

1.請將金馬電力公司劃歸台灣電力公司經營。

2.請修改台灣電力公司組織章程，由台電代管。

〔提案人〕謝炳南

〔連署人〕許崇凱等

〔行政院辦理情形〕

1.本院已於七十六年十一月指示國防部、經濟部，其內容如次：

（一）金門、馬祖電力公司仍宜維持目前經營型態。

（二）金馬地區屬戰地，發電成本特高，對其民間用電，請經濟部會商國防部酌予優待。

2.嗣經兩部商獲結論，為減輕金馬地區民眾電費負擔，自七十七年一月一日起，金馬地區電價全面調降，民間電價平均降幅為金門百分之四十一點六八，馬祖百分之四十五點二四。降價後之電燈用電，每度較台灣地區高零點五至一元，電力用電每度高一點三元，綜合用電每度高一點三至二點三元，已大幅減輕金馬地區民眾之電費負擔。

3.金門地區自七十八年五月一日起，再度調低電價，使軍眷用電（三百度以下）及民眾非營業與營業（三百度以下）用電之電價，與台電公司實施之夏季電價相同。另自七十八年七月一日開始，金門、馬祖兩地再調降電價，使軍眷及民眾非營業與營業用電各段之電價均與台電公司之夏季電價相同，已大幅拉近金馬與台灣地區電價之差距，減輕金馬地區民眾之電費負擔。

八十二　案由：請政府在金馬地區辦理公務（教）人員住宅貸款，以嘉惠戰地公務（教）人員案。

〔辦法〕

1.請人事行政局，中央公務（教）人員住宅輔建福利互助委員會，比照後方從速辦理。

2.調查金馬地區公務（教）人員住宅貸款意願，優先貸給。

〔提案人〕謝炳南

〔連署人〕許崇凱等

〔行政院辦理情形〕

本案已由國防部送請金馬政委會參考辦理。

八十三　案由：請政府從速洽請中視、台視公司，在金門設置轉播站，使軍民可一機看三台，以示關懷前線軍民之德意案。

〔辦法〕

1.請政府督促新聞局及中、台視公司，從速設立。

2.經費新台幣一億八千萬元已定案，請儘速進行興建。

3.有關技術設備，華視已有成例，可資參考。

〔提案人〕謝炳南

〔連署人〕張昭昭等

〔行政院辦理情形〕

本案本院新聞局早在七十八年即已成立「金門轉播站專案小組」，並已完成規劃，報由本院核定。

八十四　案由：請政府在金馬地區實施地方民意代表村里鄰長健康保險案。

〔辦法〕

1.請政府將金馬地方民代村里鄰長列入健康保險。

2.於明(七十九)年二月起實施。

〔提案人〕謝炳南

〔連署人〕孫榮吉等

〔行政院辦理情形〕

金馬地區地方民意代表村里鄰長健康保險，已於七十九年五月一日與台灣地區地方民意代表村里鄰長健康保險同步實施。

八十五　案由：請政府比照台灣省偏遠地區，發給金門各級學校教師偏遠地區津貼案。

〔辦法〕

1.請政府比照台省偏遠地區發給教師津貼。

2.請教育部重視前線教師之福利，在金門興建教師活動中心。

〔提案人〕謝炳南

〔連署人〕許崇凱等

〔行政院辦理情形〕

金馬地區教師已領有「戰地加給」，較「偏遠地區加給」優渥，若予取消而改發偏遠地區加給，實有損該地區之教師權益。

八十六　案由：請政府在金馬地區實施學生平安保險案。

〔辦法〕

1.請政府在金馬地區實施學生平安保險。

2.保險辦法保費及給付，比照台灣地區辦理。

〔提案人〕謝炳南

〔連署人〕許崇凱等

〔行政院辦理情形〕

金馬地區學生平安保險，教育部已通知台灣人壽保險公司，儘速協調完成簽約手續。

八十七　謝代表炳南等五十一人提：請政府從速核定「金門地區綜合建設方案」，並付之實施案。

〔辦法〕

1.請政府從速核定「金門地區綜合建設方案」，付之實施。

2.凡不妨礙軍事安全者，應予開放，納入規劃方案。

3.有關觀光旅館之興建，應交由地方人士或旅外金門籍鄉親投資，免被大財團從中操縱，減少紛擾。

〔提案人〕謝炳南

〔連署人〕趙昌平等

〔行政院辦理情形〕

金門地區綜合建設方案，已由本院於七十九年八月廿九日核定，現正由有關機關依方案實施中。

八十八　謝代表炳南等五十一人提：請政府加強金門地區交通建設，以促進繁榮進步案。

〔辦法〕

1.民用航空站，速發包興建，如期完成啓用。復興航空公司、馬公航空公司計畫開航高雄金門線，應儘速輔導開航。

2.台金海底光纖電纜儘速完成，以利電信直撥台金、金馬。

3.港口碼頭擴建或加長浚渫，以利大型客貨輪進出。

4.觀光資源整修、旅館之興建。

5.請內政部籌劃在金門地區闢建一國家公園，並先在金門縣政府設置觀光科。

〔提案人〕謝炳南

〔連署人〕趙昌平等

〔行政院辦理情形〕

1.建設金門機場民航站區計畫：

(1)主要項目爲新建候機室、貨運設施、員工留守宿舍、停機坪、道路及停車場等。

⑵本計畫工程因位處金門外島，環境特殊，乃擬採與公營廠商議價發包，並概分土木及建築工程標，先後發包施工。

⑶本案已完成設計工作，土木工程已於本（七十九）年十月二十九日完成議價發包，預計十一月施工。建築工程部分亦可接續適時發包，配合進度施工。

2.民航局正積極輔導復興航空公司開闢高雄——金門航線，需俟交通部、國防部核准後開航。另遠航已飛航台北——金門航線目前每週飛航七班次，以便利金門地區行旅。

3.台金間 STD 業務已預定於本（七十九）年十二月廿日開放；至於馬祖地區，台馬間光纖海纜預定八十一年底，始能完成，但為積極改善台金、台馬間之通信，本局已緊急規劃另建大容量衛星通信系統，如工程順利，可於八十年十二月提供服務，並同時開放台馬間 STD 業務。

八十九 謝代表炳南等四十九人提：請政府增加補助金門、馬祖地區「基層建設」經費，以加速地區建設，並提升民衆生活水準及品質案。

〔辦法〕

1.請政府增加金馬地區「基層建設」經費。

2.請政府視地區需要，研訂補助計畫及項目，並補助金額。

3.請學者專家多作技術上之指導。

〔提案人〕謝炳南

〔連署人〕趙長江等

〔行政院辦理情形〕

1.均衡地方經濟發展爲政府既定政策，當衡酌中央財政狀況，針對金馬地區實際需要及工作執行能力，逐步調增補助基層建設經費，七十九年補助一・三三億元，八十年度補助已調增爲一・五五億元。

2.現金門地區綜合建設方案已由本院核定，當可加速該地區之建設，提升民眾生活水準及品質。

九十　謝代表炳南、陳代表仁官等五十人提：請政府檢討金、馬實施戰地政務體制，民選縣長，成立縣議會，以推行地方自治，擴大政治號召案。

〔辦法〕

1.請政府在金馬地區實施民選縣長，在未民選前先遴派地方人士出任縣長。

2.下屆縣諮詢代表改選時選舉縣議員，成立縣議會。

〔提案人〕謝炳南　陳仁官

〔連署人〕李華洋等

〔行政院辦理情形〕

金馬戰地政務制度及民選縣長等問題，審慎研究，將在安全基礎下，落實民意需求。

九十一　謝代表炳南等四十九人提：請政府加強金馬地區文教建設，興建各鄉鎮圖書館，提升文化水準及民衆生活品質案。

〔辦法〕

1.請政府從速依照計畫實施。

2.請在金門縣金寧鄉興建圖書館，以示公平。

〔提案人〕謝炳南　陳官仁

〔連署人〕趙昌平等

〔行政院辦理情形〕

國防部已轉送金、馬政委會參辦。

九十二　謝代表炳南等四十九人提：請政府利用直播衛星實施空中教育，以嘉惠戰地有志進修青年案。

〔辦法〕

1.請政府於規劃直播衛星空中教育，應將金門馬祖地區納入系統。

2.改進收視不良之技術困難。

〔提案人〕謝炳南　陳仁官

〔連署人〕趙昌平等

〔行政院辦理情形〕

國防部已同意教育部利用金門太武山電視轉播站設施播送華視 UHF 空中教學節目，俟教育部完成器材架設作業後，金門地區即可收視該類節目。

九十三 謝代表炳南等四十八人提：請政府轉請台灣省菸酒公賣局准予金門高粱酒在台銷售案。

〔辦法〕

1. 請政府准予金門高粱酒在台銷售。
2. 請政府及公賣局協助金門高粱酒推展外銷。
3. 請台灣省菸酒公賣局增加承購數量。

〔提案人〕謝炳南

〔連署人〕趙昌平等

〔行政院辦理情形〕

1.本案據台灣省菸酒公賣局陳報：該局向依上級指示收購金門瓶裝白金龍高粱酒在台銷售，所指該局不准玻璃瓶裝高粱酒在台銷售一節，顯與事實不符。

2.目前金門高粱酒外銷，係透過中央信託局貿易處辦理，以往國外貿易商需購金門高粱酒時，省公賣局均積極予以協助轉介。

3.省公賣局收購金門〇．六公升瓶裝白金龍高粱酒，自六十六至七十一年度，每年平均收購二四三、〇五五打；七十一年間，該局復遵照本院函示：自七十二年度起逐年按四％累進增加收購並應春節需要每年專案增購五萬打，因已屆滿五年，經研究後自七十八年度起三年內，每年按五％累進增加收購。本（八十）年度公賣局已與金門戰地政務委員會簽訂合約，其收購量為三五六、〇一九打，如再加計春節期間專案增購五萬打，合計為四〇六、〇一九打（折合二六六萬公斤，業已超過本案所要求之承購數量二五〇萬公斤），今後該局將視實際需要情形，增加承購數量。

九十四 謝代表炳南等五十一人提：請政府於寒暑假期間，支援軍機供金門地區教師來台渡假搭乘案。

〔辦法〕

1.請政府在寒暑假期間，准許金門教師進修或渡假，搭乘軍便機往返。

2.請政府訂定辦法公佈實施，以安教師心理，並示政府嘉惠前線教師辛勞之德意。

〔提案人〕謝炳南

〔連署人〕趙昌平等

〔行政院辦理情形〕

1.金門地區教師不符搭乘軍機規定，且軍機支援軍運已感不足。

2.七十九年金門軍用機場台金航線每日起降額度（僅遠航每日往返二班次），另復興航空公司，亦申請高、金往返二班次，現正審查中，定案後當可疏解台、金地區人員之往返。

3.八十年金門民用航空站完工後，可增加較多之民航班次，改善台、金間之交

通狀況。

九十五　謝代表炳南等五十人提：請政府准予金門地區軍人眷屬憑眷補證搭乘軍機，以簡化手續，使德意落實案。

〔辦法〕

1.請政府准憑軍眷補給證辦理搭機。

2.請政府簡化軍眷搭機手續。

〔提案人〕謝炳南

〔連署人〕趙昌平等

〔行政院辦理情形〕

現行規定，國軍軍眷不分地區搭乘軍機，須附搭機公函及眷補證辦理搭機申請手續，以利管制並求公允。

九十六　謝代表炳南等五十二人提：金馬民眾自衛部隊年度訓練，政府應比照國軍發給薪餉，以示公允案。

〔辦法〕

1. 請政府比照國軍待遇或台灣後備軍人集訓，發給薪餉。
2. 隊職員（公務人員）除原有薪餉外，應發給津貼。

〔提案人〕謝炳南

〔連署人〕王應傑等

〔行政院辦理情形〕

國防部已轉送金門政委會參辦。

九十七　謝代表炳南等四十九人提：請政府將金門地區廢棄軍事用地，或動用民眾土地，歸還業主使用，並依法取得所有權登記，以維權益案。

〔辦法〕

1. 請政府將已廢棄之軍事用地，發還原所有權人，補辦產權登記。

2.凡徵用或動用民間土地建物，應予合理之補償，以免遭受損失而衍生民怨。

〔提案人〕謝炳南

〔連署人〕王應傑等

〔行政院辦理情形〕

國防部正進行清查，目前已完成四〇%，將繼續逐案檢討處理。

九十八 謝代表炳南等三十八人提：建議政府准許金、馬地區民衆，憑國民身分證往返台灣、金、馬間，以資便民案。

〔辦法〕

1.請政府准予金馬地區民眾憑國民身分證往返台灣。

2.憑國民身分證購買機、船票，做爲出入境之依據，以資便民。

〔提案人〕謝炳南

〔連署人〕余乃焜等

〔行政院辦理情形〕

本案業已實施。

九十九　陳代表仁官、許代表崇凱、謝代表炳南等四十四人提：請行政院就金門、馬祖地區當前之需要，責請各部會編列年度預算補助，積極加強各項建設，俾使三民主義成果落實，擴大對大陸之政治號召。

〔辦法〕

中華民國自由地區，涵蓋金馬、台澎，唯國家現階段之建設，均未將金馬併入國家整體規劃，致使建設緩慢落後，因之請就本案說明各項，請行政院各部會應予特別重視、援助，期能眞正達到三民主義模範縣之建設。

〔提案人〕陳仁官　許崇凱　謝炳南

〔連署人〕連勝彥等

〔行政院辦理情形〕

中央對金門、馬祖地區各項需要，向來均極表重視，除各部會對有關之各項重要建設已寬列預算補助外，本院另依據「基層建設實施要點」補助所需之基層建設

經費及其他一般性經費，今後仍將本此原則繼續補助。

一〇〇 請政府督導「金門地區綜合建設方案」如期完成，以加速建設金門，奠定整體發展，提升生活品質案。

〔辦法〕

1.請中央政府成立督導小組，依計畫建設項目、經費預算按年度完成。

2.金門縣政府應從速成立執行小組，各項進度列入管制。

3.洽請台灣省、台北市、高雄市，支援石匠、木匠師傅，維修名勝古蹟及寺廟、祠堂。

〔提案人〕謝炳南

〔連署人〕鄒文謙等

〔行政院辦理情形〕

「金門地區綜合建設方案」由本院經建會研擬完成送本院核定後，即分函各相關部、會、署配合辦理，所需經費依年度預算程序審議；並指定國防部爲本建設方

案之綜合協調推動與聯繫單位，且各相關部、會、署均指派人員參加。

一〇一 案由：請政府修訂「金門縣政府組織法」以符實際需要案。

〔辦法〕

1.請政府修訂「金門縣政府組織法」擴大編制。

2.增加環保、觀光、法制科室。並將清潔工納入正式編制。

3.合理擴編金門衛生院、金門地政事務所編制，以應業務需要。

〔提案人〕謝炳南

〔連署人〕鄒文謙等

〔行政院辦理情形〕

「金門縣政府組織規程」修正草案，業併金馬地方自治案，正由內政部研訂中。

一〇二　案由：請政府專案補助，或由地方政府編列預算，興建金門縣、連江縣縣政諮詢代表會會址，以便利代表們議事案。

〔辦法〕

1.請政府專案補助經費，以便興建。

2.由地方政府編列預算支應，儘速構建。

〔提案人〕謝炳南

〔連署人〕鄒文謙等

〔行政院辦理情形〕

1.金門縣八十一年度編列六百萬元，八十二年度擬編列三千萬元，興建縣政諮詢代表會會址。

2.連江縣政府擬於八十一年度整修社教館、圖書館作爲諮詢代表會會址。

一〇三　案由：請政府儘速會同中視、台視公司，在金門設置轉播站，使軍民可觀賞三台節目，以示關懷前線軍民同胞案。

〔辦法〕

1.請政府督促新聞局，及中視、台視公司從速興建硬軟體設施。

2.「金門轉播站專案小組」應儘速積極辦理。

3.經費分擔既已定案，技術問題，華視已有成例，可資遵循參考。

〔提案人〕謝炳南

〔連署人〕鄒文謙等

〔行政院辦理情形〕

關於興建台灣電視公司、中國電視公司金門轉播站一案，本院新聞局自民國七十八年九月成立專案小組以來，即積極推展各項籌建工作，其後因訊號傳遞方式需配合交通部長途電信管理局之作業及經費等問題，正在積極協調，惟本案關係金門地區軍民收視權益甚鉅，爲期該站儘速完工，專案小組之工程及行政兩組，已於七十九年九月召開聯席會議及會勘設站地點協調會，並於同年十月至十一月間起雪山及金門就設站地點再作最後勘查，現並就其他相關事項進行研議中。

一〇四 案由：請政府檢討遠東航空公司台金線，乘客每人攜帶行李限重十公斤，超出重量，每公斤收費新台幣十五元，是否合理，以免影響乘客權益案。

〔辦法〕

1.請政府檢討遠東台金航線，每人攜帶行李十公斤，超過重量每公斤收費新台幣十五元，是否合理合法。

2.請遠東航空公司，托運行李爲十五公斤至廿公斤，超出重量再予收費。

3.復興航空公司高雄金門線開航後比照辦理。

〔提案人〕謝炳南

〔連署人〕鄒文謙等

〔行政院辦理情形〕

目前國內線各航空公司對旅客之免費托運行李均限重爲10公斤，超出重量部分則按交通部核定之超重行李收費，台金、高金航線經核定之運費爲每公斤15元，尚屬合理。

一〇五 案由：請政府簡化金門病患後送手續，並用軍機載回休養，以資便民愛民案。

〔辦法〕

1.請政府簡化金門地區病患後送手續。

2.請政府准予病患及護送家屬搭乘軍機回金休養。

3.請政府協調遠東航空公司，空出客艙位置，供病人擔架床位乘坐之用。

〔提案人〕謝炳南

〔連署人〕鄒文謙等

〔行政院辦理情形〕

1.現金門地區醫療衛生保健工作，由衛生院、衛生所及保健站構成服務網，再由軍方醫療單位的配合與支援，已形成了一個由點而面完善的民眾醫療保健體系，各級轉診運作大都簡便順暢，民眾病患後送可隨到隨辦。

2.現台金民機雖已通航，而民眾急病需擔架後送醫治轉院者，仍由軍用班機負責載運。

3.現行外（離）島緊急傷患後送，均由地區最高指揮官以電話、電報申請，國防部權責單位簽奉核定後即行派遣，作業程序簡便而迅速。

4.金門地區一般病患之後送則由金防部利用定期之台金班機或便艦集中處理，因機位有限，故該部必須予以適當之管制。

5.金門民眾來台治療後需返鄉休養，不符緊急傷患後送條件，不宜比照緊急後送方式處理。

※第一屆國民大會第二次臨時會特種審查委員會第四次會議（因係審查委員會會議故稱為委員，謝炳南代表對憲法修正表示意見與建議）

謝委員炳南：主席、各位先進委員，大家午安。

關於憲法增修條文草案，本席也是連署人之一，對於本條文我是非常贊成的。動員戡亂時期臨時條款廢止後，原僅適用於動員戡亂時期之法律，其修訂程序未完成者，得繼續適用至民國八十一年七月三十一日止；這也關係到動員戡亂時期臨時條件第四條，就是「動員戡亂時期，本憲政體制授權總統得設置動員戡亂機構，決定動員戡亂有關大政方針，並處理戰地政務」，因爲戰地政務包括了我們金門、馬祖，本人是來自金門的增額代表，所以我代表選民說幾句話。

民國四十五年七月，因爲金門實施戰地政務，所以把原來福建省省政府遷移到台灣來辦公，至今已有近三十四、五年的歷史，當時發生動員戡亂狀況，是先有

三十八年的古寧頭戰役，其後經過四十七年的八二三砲戰，爲了戰地及國家的安全和戰地民眾的福祉，當時實施戰地政務有其必要性；不過實施三十五年來，因爲現在時代潮流在改變，可以說兩岸已經趨於緩和溝通的時代。金門的居民希望在動員戡亂時期臨時條款廢止以後，金門和馬祖能夠恢復憲政體制，實施地方自治，並且希望民選縣長和成立縣議會，因爲金門縣、連江縣——也就是馬祖，實行戰地政務以後，縣長都是官派的，由軍方的上校或少將來擔任。到去年一月二十日，金門、馬祖才分別成立了諮詢代表會，當然它的權責在各方面比台灣的縣市議會要差了一截。因此，兩地方的父老希望能夠在動員戡亂時期終止後，終止戰地政務，恢復憲政體制，實施地方自治。

據報載，有關金門、馬祖戰地體制問題，授權國防部研擬辦法及依法定程序實施，我希望我今天所發表的淺見能夠列入紀錄，作爲將來有關單位研究金門、馬祖未來地位的參考，並且能夠讓他們了解地方上民眾的心聲，恢復憲政體制，實行地方自治。更希望台、澎、金、馬能夠採取齊一的方式，使金門、馬祖的父老能夠達成他們的願望。

主　席：謝謝謝委員。接下來翁委員純正放棄發言，洪委員英花剛才不在場，現在已到場，請問洪委員是否要放棄發言？（放棄），要不要保留大會發言權？（要），洪委員英花保留大會發言權，列入紀錄。

現在登記發言的委員已經全部發言完畢，謝委員炳南所提之建議案列入紀錄。第八條沒有提出修正案者，請問可否照原提案條文通過？（眾鼓掌），本條照原提案條文通過。

現在繼續進行第九條，請朗讀第九條條文。

謝委員炳南：主席、各位委員。本人亦爲增修條文草案之連署人之一。對於條文內容，本席表示贊同。記得去年五月二十日李總統登輝先生就任第八任總統時，即已宣示將於適當時期宣布終止動員戡亂時期；而執政黨於七十九年七月即成立憲政改革策劃小組，經過二百零五次會議，參加之朝野人士、學者專家達四千多人次，經過八個月時間，反覆研議，可說已凝聚多數人民之意見；及至本年三月二十七日經執政黨中黨通過憲改方案後，一般民眾均予熱烈支持。

個人從民國六十二年二月進入國民大會之後，參加了第六、七、八次會議，修訂憲法條文還是第一次，這是大家的光榮，希望大家能全力支持，早日完成憲改工作，以維國家之長治久安。不過，第三條關於監察委員的產生，個人有些意見，但與原案並不牴觸。因金馬地區也屬自由地區，該地區已實行戰地政務。目前有福建省政府在台辦公，但並無省議會，故說明中有「而福建省未設省議會，故未定其名額」，個人認爲今天後方——台灣地區能如此安全安定。金門歷經民國三十八年的古寧頭戰役、民國四十七年的八二三砲戰，全體軍民發揮保衛前線的光榮使命。所以，在訂定監察委員名額時，能在全國不分區的五人中，考慮給予金馬地區一席監察委員，以示全國同胞對金馬地區國民所作的貢獻與嘉許。關於此問題，希望政府有關機關在訂定選罷法時能列入考量，以上意見，請各位指教。謝謝！

主席：謝謝謝委員，謝委員所提之建議案列入記錄。（眾掌聲）

※第二屆國民大會臨時會對行政院各部會提出詢問與建議，因限於時間故改用條文式。

主　席：謝謝指教。請謝代表炳南發言。

郭代表柏村：我要向各位報告一個好消息。

主　席：把麥克風關掉。現在請謝代表炳南發言。

謝代表炳南：主席、各位代表同仁。自開會以來，常有代表同仁在此提到或稱呼，我們要考慮到台灣兩千萬同胞的福祉，對此我要提出嚴重的抗議！因爲這句話不僅使我個人權益受損，也讓金門馬祖十幾萬的軍民的權益受到損害！一般學者，少數別有用心的人常忽略照顧金馬民眾的權益，這是不對的。職是之故，請各位代表同仁在日後發言時要改稱中華民國復興基地或台、澎、金、馬地區。今天台灣地區有許多子弟，到金馬服役，除此之外，還有最重要一點，就是如果不是民國三十八年金門古寧頭大捷，及四十七年八二三砲戰勝利，台灣能有今天的繁榮與安定嗎？所以，我們不能忘恩負義，信口開河，僅稱台灣，不稱金馬，以上發言，請大家支持。

對行政院郝院長書面意見：

謝代表炳南書面意見：

對郝院長國是報告建議：郝院長於民國四十七年「八二三」砲戰，擔任烈嶼守備區師長，又在參謀總長及國防部長任內，對金門前線軍經建設均悉心指導愛護。本席來自金門，特代表金門父老向院長致最高之敬意，茲就金馬地區提出建議，請院長參考。

一、請政府恢復對金馬補助「基層建設」經費，強化地方建設。

二、開放金門馬祖觀光，提升民眾生活品質。

三、從速處理金門土地產權問題，以確保民眾權益。

四、「六年國建」請把金馬列入建設計畫。

對內政部吳部長伯雄建言：

主　席：請謝代表炳南發言。

謝代表炳南：主席、吳部長、內政部列席官員、各位同仁。本席有以下意見提出就教於吳部長：

一、金門戰地政務原訂於民國八十年九月二十八日終止，但因種種原因延至目前，當然這不能怪內政部、國防部，實因「金門、馬祖、東沙、南沙安全維護及輔導條例」，現仍在立法院審議中，其中規定關於金馬地區的限建、禁建及出入境機場、港口檢查等，均請由內政部協調國防部加以簡化及放寬，由於規定過於嚴格，已對金馬民眾權益造成莫大傷害，所以金馬民眾有很多意見與表示關切，我們希望今後出入金馬地區能憑身分證，更希望戰地政務終止，回歸憲法體制，實施地方自治，能夠儘快實施。

二、本席希望福建省政府的定位，能夠依照憲法規定辦法。

三、本席建議在金門建設第七座國家公園，以提供民眾觀光遊樂，表明國家建設沒有省市或前後方之分，並補償金門地區多年來沒有重大建設的缺失。

以上淺見，敬請指教，謝謝。

對交通部簡部長又新建言：

主　席：請謝代表炳南發言，蔡代表天再準備。

謝代表炳南：主席、簡部長、各位同仁。本席提出幾點建議，首先，交通部在民國七十六年九月十一日核定遠東航空公司首航台金線，後有復興航空公司的高雄——金門線，目前每日往回各有五個班次，帶給金門民眾極大的方便，同時，在民國八十年六月十九日開放台金直撥電話、郵件快遞等業務。當時本席陪同簡部長至金門，在司令官歡宴席上，本席曾有感性談話，假如中央各部會首長均能像簡部長如此關懷金門的話，則金門的進步應該更快，利用此一機會，向簡部長致感謝之意。第二點，金門丙種民航站興建進度超前，明年底就可完成啓用，每日起降七三七班機十架次，請交通部加強導航設施，因霧季關係，最近三、四天飛機均無法降落，希望交通部儘快加強導航設備。第三點，關於金門興建港埠碼頭交通設施，請有關部會與地方機關協調督導。第四點，金門行動電話「大哥大」是否可以開放民眾使用？第五點是台灣國建計畫投資八兆多元，請補助金門村莊水泥路面，以利民行，謝謝各位！

對國防部陳部長履安建言：

主　席：請謝代表炳南發言。

謝代表炳南：主席、陳部長、各位同仁：陳部長是文人接掌國防部，二年來僕僕風塵於金馬地區，同時又發布國防白皮書，採取開明的政策，本人十分敬佩，在此有幾點想就教於部長：

第一，金門、馬祖、東沙、南沙地區的安全維護暨輔導條例草案，現尚在立法院審查中，而金馬實施戰地政務已高達三十六年之久，雖然當初有其存在價值，但時代在變，一般金馬地區民眾，對回歸憲法、實施地方自治，十分關切與寄予厚望，然而礙於將自治條例列入草案中，使得原訂由國防部、內政部宣布自民國八十年九月二十八日起終止戰地政務的計畫，遲遲未能實現，引起金馬民眾的關切。

第二，在安維條例中，有關機場、港口及出入境檢查的罰則條文，似乎過嚴，在立法院未通過前，希望國防部能予協調放寬。否則以金門幅員之小，再嚴加管制限建、禁建，會阻礙了金門之建設。

謝代表炳南書面補充資料：

第三，以前駐軍佔用民間土地，構建道路、碉堡，應予補償或依法徵收，如現已廢棄不用，請發還民眾使用，並補辦所有權登記，以免引起糾紛。

對經濟部蕭部長萬長建言：

主　席：請謝代表炳南發言，請張代表昭昭準備。

謝代表炳南：主席、蕭部長、各位同仁。蕭部長自擔任經濟部長以來，對於經濟方面作為、努力與貢獻令人欽佩，而經濟部及其所屬台電公司、中油公司歷年來對金門用油、金門電力公司技術指導及電價差額補助方面有很大的幫助，本席謹代表金門地區四萬多父老向經濟部表示感謝。

今天本席要提出三點意見請經濟部研究：

一、目前金門電力公司採用火力發電方式，成本較台灣高，希望經濟部能依國防用油價格供應金門電力公司用油，並補助台灣、金門間之運費，使金門電力公司成本不致再增加。

二、請中油公司對於民間車船用油亦補貼運費，使全國油料價格得以統一。

三、將來戰地政務終止後，軍方是否能繼續以軍艦運油仍未可知，希望經濟部

協調國防部在戰地政務終止後仍以軍艦運補油料，若以民間商船運補，運費可能較多，會增加消費者負擔。

對財政部王部長建煊建言：

主　席：請謝代表炳南發言。

謝代表炳南：主席、王部長、各位先進代表。剛才王部長的報告條理分明，自你擔任財政部長後，有擔當、有魄力，而我們也可從各媒體得知你親切、自然的態度，尤其今天單槍匹馬到國民大會做財政報告，可知十分熟知工作業務，個人感到敬佩。謹在此提出三點意見，供部長參考：

一、在實施財政收入劃分時，能先從金門地區開始實施，由政府統收統支，以紓解地方財政困境，因爲金馬地區須仰賴中央補助。

二、請修正菸酒公賣條例，准許金門高粱酒自產自銷，並降低公賣利益，以充實金門地區財源。

三、金門戰地政務終止後，應立即實施地方自治；有關金門之稅收，宜有緩衝時期，請在民國八十二底選出民選縣長，縣議會成立後，自民國八十三年一月起才

徵收綜合所得稅。目前金門地區未徵收綜合所得稅，扣除中小學教師後，所收的稅款並不多。

以上三點意見，供部長參考，謝謝。

對教育部毛部長高文建言：

現在請謝代表炳南發言，張代表昭昭請準備。

謝代表炳南：主席、毛部長、各位同仁。本席剛才聽了部長的書面報告，感到自從部長接任教育部長以來，對全國教育可謂貢獻良多，令人欽佩。本人在民國五十六年至五十九年間，曾擔任金沙國中校長一職，目前金門地區各校得教育部補助，可以說是突飛猛進，尤其國立金門高級中學與國立金門農工，不管在硬體或軟體方面，這些年的建設，已達後方水準，在此一併向部長致感謝之意。

其次，有兩點建議請部長參考：

一、請教育部在金門地區設立大專院校夜間部的招生考區，以便利金門學子考試。按日間部好幾年前已在金門地區設考區，且成效良好，每年大專聯考試務工作皆能順利完成。

二、將金門農工職業學校改制為五年制專科學校，使金門學生多受兩年教育。金門大部分家長希望其子女能有專科資格，因為高職三年出來之後，有就業困難之虞，教育部若能在師資方面加以考慮，相信應可辦到。

以上兩點建議，請部長參考，謝謝！

主　席：謝謝謝代表。現在，請張代表昭昭發言，彭代表有枝準備。

主　席：謝謝張代表。請謝代表炳南發言，請洪代表騰岳準備。

對僑務委員長曾廣順建言：

謝代表炳南：主席、曾委員長、各位代表。

曾委員長擔任僑務委員會委員長以來，對僑社的組織、僑胞的服務都有很大的績效，而報告中的「無僑教將無華僑」對於華僑教育相當重視，同時對於華僑經濟事業予以輔導，有助於華僑回國投資以及對外投資，本席非常欽佩。

不過，本席來自金門，金門雖只有四萬多人口，但是在海外僑胞已有三十多萬人，尤以新加坡為多，約為十多萬人。本席有三點建議：

一、金門在新加坡的華僑，從新加坡經台灣，回金門探親還要辦理手續，是否能協調國防部、內政部，憑駐外單位的證明，即可購買機票逕赴金門。

二、僑委會的委員、顧問為無給職，希望在政治的考量上，能給予金門籍人士各一席。

三、應儘量鼓勵駐外僑務人員參加當地的廟會，以與僑胞打成一片，彼此加強聯繫及溝通。

主　席：謝謝謝代表，請洪代表騰岳發言，請江代表義雄準備。

主　席：請謝代表炳南發言。

對陸委會黃主委昆輝建言：

謝代表炳南：主席、黃主任委員、各位代表同仁。剛才聽到黃主任委員的報告，對陸委會成立雖不久，卻已有許多績效，本席十分欽佩。在此提出兩點建議，請黃主任委員參考：

一、民國七十九年九月間，我紅十字會陳會長長文與大陸紅十字會在金門簽訂協議書，稱為「金門協議」，依該協議兩岸互相遣返刑事犯，並經多次在金門和廈門海域中有所接觸。

二、依據「國家統一綱領」中程計畫，直接通郵、通商、通航在兩岸官方直接進行協商下已變成可行。明年八十二年度花費八億多元的金門民航站將竣工完成，屆時每天可容納七三七民航機十架次，且金門、廈門間飛航僅需三、五分鐘。請問黃主委今後有無以金門進行間接通航或設中途站之可能？如此將可免除赴大陸探親須經由香港，乃至於日後可能須經菲律賓轉機的麻煩，也可減少費用負擔。此點是否可行？請陸委會參考，謝謝各位。

對衛生署張署長博雅建言：

主　席：請謝代表炳南發言。

謝代表炳南：主席、張署長、各位代表同仁。張署長接任署長後，首先到金門前線巡視，特別是又到了金門前線的前線烈嶼鄉衛生所，同時，八十年度補助金門一千五百五十二萬，本席代表金門四萬多民眾向張署長致最高謝意。此外，本席有四點意見，要在此提出盼供署長參考：

一、加強金門縣衛生醫療措施，使金門縣衛生院辦理衛生行政業務。

二、將衛生院分開成立衛生局及縣醫院，並按實際編制，提高醫療水準，免得

民眾因患重病，還須後送台灣來醫療。

三、補助金門地區之醫療儀器及衛生設施，將來能調訓醫師及醫療人員至台灣來接受新知，以提升醫療水準。

四、充實各鄉鎮衛生所的員額以應需要。

五、希望能邀請台灣各大醫院之醫師赴金門支援醫療，時間爲三至五天，使病患可不必後送台灣醫療，以上的意見，請張署長參考，謝謝！

對新聞局胡局長志強建言：

主　席：謝謝周代表發言，因爲時間關係，其他未發言代表請改以書面建議。現在請謝代表炳南發言，洪代表騰岳準備。

謝代表炳南：主席、胡局長、各位代表同仁。請行政院新聞局從速、儘快、積極、督導有關單位，將台灣電視公司、中國電視公司的金門轉播站早日施工、早日完成，使金門、馬祖軍民同胞能收視三台。本人記得報紙曾提及，原本是由兩家電視台及電視傳播事業分攤經費二億一千萬元，現在變爲二億三千萬元，這件事討論良久，但卻是只聞樓梯響，不見玉人來。金門目前只能收看華視，若非爲配合莒光

日教學，恐怕連華視也不可得。這對金門民眾權益損害極大，請局長多加注意。

另外，在開放有線電視方面，也希望新聞局將金門地區列入規劃範圍，免得日後延遲時機。謝謝！

財政部王部長建煊答覆：

另外，謝炳南等金門馬祖來的代表都提到中央將來對金門馬祖財政補助的問題，這個問題中央一定會注意，絕對不會讓那一個縣市活不下去，但若修正財政收支劃分法，也不能夠說將中央弄到沒有什麼財源。

至於金門所出產的金龍牌高粱酒，雖做的相當不錯，但因台灣之菸酒專賣僅限於台灣地區，因金門不在其中，故要訂立契約規定金門酒只能賣多少過來，超過的話即要以走私處理，我覺得這樣不太好，令人有一國兩制的感覺。雖然從法的面向解釋得通，做起來總是彆扭，這個問題現在已經解決，將來金門地區酒將可自由的運到台灣來販售。

陸委會黃主委昆輝答覆：

謝代表炳南提出兩岸紅十字會在遣返問題上所扮演的角色，並建議紅十字會在

未來兩岸更多的接觸中，可能扮演的角色。本人認爲，以上建議也都是陸委會未來努力的方向。

衛生署張署長博雅答覆：

在馬祖、金門或其他偏遠地區，一向都非常重視緊急醫療的救護，有關海鷗救難直昇機一事，本署會協調軍方，以提供更好的服務。金門目前的衛生院即將改成金門衛生局及金門醫院，目前已在進行之中。金門所有的醫療人員除了由國家以公費培育外，也定期集訓，並配合軍方進行繼續教育的訓練，故目前無需由台灣派醫療人力去支援，因爲軍方之醫師非常充足。

有關醫事人員、專業人員訓練及已經考試院考試及格的專業人員，衛生署的意見也是希望能視同公務人員，因爲都是畢業後經考試院考試及格者，目前我們仍在爭取中，但與考試院的意見一直都不一致。

在基層醫療方面，衛生所即是公辦的基層醫療機構，大可以於此利用醫療資源。全民健保後我們會更重視轉診制度，目前也正在提倡中，甚至將來會採取保費部分負擔的制度，若馬上至三級醫院看病，會加重自費負擔之比例，故是採小病在

小醫院，大病至大醫院看診。

主　席：請謝代表炳南發言。

謝代表炳南：主席、各位同仁。對於政府首長報告的詢問或建議，當場發言難免受時間限制，修辭上較不周全，且政府首長答覆也是擇要答覆，並未做到逐案答覆。而我們的發言經議事組速記科整理後，速記錄均函送代表親自更正，方才正式列入紀錄。所以，本席建議應將經整理、更正過之速記錄與書面意見一併送請政府書面答覆，以求周延。如此一來，代表回選區也可提出其發言紀錄及政府之書面答覆供選民參考，對選民也才有個交代。否則只有書面意見可以獲得政府的書面答覆，似乎要比口頭發言的同仁較佔便宜，不太公平。

以上意見，請主席裁示，謝謝！

主　席：謝代表的發言，請秘書處詳為記錄，並參酌辦理。

建議上電李總統登輝就職致敬：

主　席：請問各位同仁，第二十一次大會議事錄有無錯誤？（無），無錯誤，確定。今天是五月二十日，是李總統登輝先生就職二周年的日子，許多同仁希望

於開會前，向李總統上致敬電文；另外，謝代表炳南等三十四人也提出臨時動議。依據國民大會議事規則的規定，臨時動議於議程討論完畢，散會前提出，但一般議事規範中，臨時動議也可於進行討論事項前作一處理，故是否在進行討論事項前容許本席先將秘書處擬好的電文朗誦一遍，各位同仁若贊成，就請鼓掌通過，（鼓掌）。因為在李總統就職的二年內，實踐了憲政改革的諾言，諸如廢除臨時條款，終止動員戡亂時期，確立二階段修憲工作，政績可說相當可觀，故根據各位同仁的意見，向李總統致敬。至於致敬的電文內容如後：

「第二屆國民大會臨時會祝賀李總統登輝先生，就職二周年電稿

李總統登輝先生睿鑒：五月二十日欣逢就職二周年，先生高瞻遠矚，崇法務實，勤政愛民，宵旰為勞。恢弘民主憲政，拓展對外關係，推動兩岸交流，增進全民福祉，勛猷宏謀，至為欽敬，肅電致賀，敬祈　睿詧。第二屆國民大會臨時會八一、五、二十　印」

請問各位，對以上電文有無意見？（眾鼓掌），無意見，通過。

對修憲第十八條第四項發言：

謝代表炳南書面意見：

主席、各位先進代表同仁。本席爲三一五號來自金門的代表謝炳南，本席對陳代表重光、許代表勝發、葉代表金鳳等二四五人所提修正案之修正條文，本席爲原提案簽署人之一，本席極爲贊同，並對第十九條第四項：「國家對於自由地區山胞之地位及政治參與，應予保障；對其教育文化、社會福利及經濟事業，應予扶助並促其發展。對於金門、馬祖地區人民亦同。」本席首先感謝執政黨中央修憲審查小組及代表同仁之支持，能將「金馬人民權益」，列入修正爲第十九條，敬請在表決時多予支持，能順利通過，本席再次代表金門馬祖地區父老向各位致十二萬分誠意，謝謝各位。

一般提案、決議情形：

第十二號	謝代表炳南等二十七人	請政府恢復補助金馬地區「基層建設」經費，以強化地區建設，促進繁榮，並提升民眾生活品質案。	審查意見：送請政府切實辦理。

主　席：請問各位，對本案照審查意見通過，有無異議？（無），無異議，通過。

主　席：現在進行逐條討論。宣讀提案第十三號。

提出一般提案決議情形：

第十三號	謝代表炳南等二十五人	建請監察委員之提名，應給予金馬地區名額案。	審查意見：送請政府辦理。

主　席：請問各位，對本案照審查意見通過，有無異議？（無），無異議，通過。

第十四號	謝代表炳南等二十九人	請政府准予金門高粱酒自產自銷案。	審查意見：送請政府切實辦理。

主　席：請問各位，對本案照審查意見通過，有無異議？（有），請林代表政則發言。

林代表政則：主席，各位同仁。直到本案提出後本席才知道，金門的高粱酒是賣給公賣局，而公賣局賣出時賺百分之三十的利潤。本案的建議是希望讓金門的高

粱酒能自產自銷，但目前台灣菸酒公賣條例是由立法院通過，在這條例未廢除前，沒有任何一單位可以自產自銷其酒類。國民大會應是守法的團體，若大會讓這提案通過，是否有違法之嫌？值得考慮。所以本案之決議，請各位再斟酌考慮？謝謝！

主　席：關於政府不妥當的措施，我們身爲民意代表，應有建議其改善的義務。且我們今天既有正當理由提出建議，行政院就必須提修正案送立法院審議，所以本案應不致有違法之處。

謝代表炳南（在席位上）：本席有意見。

主　席：請謝代表炳南發言。

謝代表炳南：主席，各位同仁。此案是本席所提出。林代表政則一向對我們金門地區之提案非常支持，本席深爲感激。以前金門的高粱酒皆透過公賣局在台出售，讓其收取公賣利益，但今年元月二十五、二十六日，即在過年前，有在金門服役的士兵委託數家商人寄四千餘瓶高粱酒轉給其家人才發現這個問題。爲此金門縣陳縣長一直與公賣局協調，協調的結果，大概從本年七月份起，由金門自產自銷，但公賣局仍收取公賣利益百分之四十，所以本案建請政府切實辦理應屬可行。本席

在此做以上簡單補充說明。謝謝。

主　席：依林代表與謝代表兩位的意見，本案改爲「送請政府參考辦理」，請問各位，有無異議？（有），請蔡代表義雄發言。

蔡代表義雄：主席，各位同仁。本席認爲金門的商人大部分是靠在當地服役之官兵或遊客向其購買高粱酒及特產爲生，因此，如由金門商人自銷帶回台灣，對公賣局收益應影響不大，而且金門戰地也是大部分由政府補助經費的地區，因此，應多鼓勵農民種植高粱出售與政府釀酒，以賺取微薄的生活費；過去公賣局以抽取其百分之三十的稅金，是否合理應予檢討。

現在我們爲照顧金門地區的民眾，應可讓其自行產銷，不要再抽稅，雖然在台灣的金門縣政府設有經銷處，但也賣得有限，所以送請政府切實辦理，應不爲過，若改爲研究辦理，試問，將研究到何時？就本席所知，謝代表炳南爲此已不止一次提出建議案，以往在大會、年會皆提出過，可能實行效果不彰，所以謝代表於本次大會又再度提出。本席認爲應改爲「切實研究辦理」，所謂「切實研究辦理」，就是切實研究，切實改進，切實辦理。這是本席意見，謝謝。

主　席：對本案蔡代表提議將審查意見改爲：「送請政府切實研究辦理」，請問各位，有無異議？（無），無異議，修正通過。

第十五號	謝代表炳南等二十八人	請政府從速宣示全面開放金門、馬祖觀光案。	審查意見：送請政府迅速研究辦理。

主　席：請問各位，對本案照審查意見通過，有無異議？（無），無異議，通過。

第十六號	謝代表炳南等二十五人	請政府將金馬地區納入「六年國建」計畫案。	審查意見：送請政府切實辦理。

主　席：請問各位，對本案照審查意見通過，有無異議？（無），無異議，通過。

第十七號	謝代表炳南等二十七人	請政府儘速終止金馬地區戰地政務，實施地方自治案。	審查意見：送請政府迅速規劃辦理。

主席：請問各位，對本案照審查意見通過，有無異議？（無），無異議，通過。

第十八號	謝代表炳南等二十九人	請政府儘速督導中視、台視公司，在金門設立轉播站，使軍民共享一機看三台之權利案。	審查意見：一、文字修正：案由及辦法第一項「督導」二字均修正為「協調」二字。二、送請政府協調辦理。

主席：請問各位，對本案照審查意見通過，有無異議？（無），無異議，通過。

第十九號	謝代表炳南等二十五人	請政府從速發還被查扣金門酒案。	審查意見：送請政府查明辦理。

主席：請問各位，對本案照審查意見通過，有無異議？（無），無異議，通

過。

第三十四號	謝代表炳南等二十六人	請政府辦理金門、馬祖地區公教人員住宅低利貸款，以照顧公教員工生活案。	審查意見：送請政府切實辦理。

主　席：請問各位，對本案照審查意見通過，有無異議？（無），無異議，通過。

第三十五號	謝代表炳南等二十五人	請政府妥善處理金門、馬祖地區軍事用地或動用民眾土地，歸還地主使用，並補辦所有權登記，取得所有權，以維民眾權益及補償案。	審查意見：送請政府迅速規劃辦理。

主　席：請問各位，對本案照審查意見通過，有無異議？（無），無異議，通過。

謝炳南主要學經歷

古籍：福建省金門縣十八都滄湖保錢沙鄉。

現籍：福建省金門縣金湖鎮料羅里五十八號。

現址：台北市內湖區內湖路二段一七九巷六十九弄六號。

出生：民國二十一年九月二十九日（農曆）生於金門縣金湖鎮料羅。

民國二十三年十二月五日身份證記載日。

學歷：私塾讀一年半。

小學讀四年，料羅國民學校，私立蓮滄小學肄業。柏村國民學校前身。

私立金東初級中學一年

福建省立金門中學初中第二屆畢業。

福建省立金門中學高中第三屆畢業。

國立台灣大學法學院政治學系畢業。
政工幹部學校預九期畢業。
政工幹部學校戰地政務講習班二十一期結業。
戰區黨務幹部訓練班十三期結業。
革命實踐研究院黨政建設研究班四十二期結業。
革命實踐研究院實踐研究班二十一期結業。

經歷：陸軍第三軍七八三通信兵營架設第一連少尉幹事兼代指導員。
高雄縣立阿蓮初級中學教師兼組長。
金門縣政府文教科中等教育股股長。
金門縣黨部組長。
金門縣立金沙國民中學校長。
金門縣黨部書記。
國民大會代表連任三任計二十年（自民國六十二年二月一日至民國八十一年元月三十一日）。

國民大會憲政研討委員會委員。

光復大陸設計研究委員會委員。

福建省政府委員十二年二個月（自民國七十七年八月至民國八十九年十月）。

中國國民黨部黨務顧問。

福建省政府顧問。

金門縣政府縣政顧問團顧問。

作者重要大事年表

民國年代	月	事蹟
二十一	九	二十九日出生
二十二		拜新頭社陳念貴爲義父
二十三	十二	五日身分證登記出生年月日
二十四	九	胞弟炳仁出生
二十五		父親赴南洋謀生
二十六	十	日軍佔領金門
三十二	八	入學啓蒙讀私塾
三十三	八	續讀私塾

三十四	十	日本投降，金門光復，就讀料羅小學二年級
三十五	八	就讀三年級
三十六	八	改讀私立蓮滄小學四年級
三十七	八	續讀蓮滄小學五年級
三十八	七	投考私立金中獲錄取，因古寧頭戰役未註冊入學
三十九	七	投考私立金東初級中學錄取入學
四十	八	併入省立金中二年級甲班
		加入中國國民黨
四十一	八	考入簡易師範班獲榜首未就讀
		獲頒國民黨黨證
四十二	七	初中第二名畢業免試直升高中部
四十三	八	赴台參加暑期戰訓
	九	九三砲戰

四十四	三	母校搬遷陳坑
四十五	七	高中畢業免試保送國立台灣大學與同村吳舜結婚
	八	赴台讀大學
	九	祖母仙逝，享壽七十五齡
四十六		長女玲玲出生
	十	父親自新加坡回國
四十七	十	八二三砲戰，父母妻女偕仁弟遷台
四十八	七	大專暑期集訓
	八	八七水災
	十一	長子志文出生
四十九	六	大學畢業
	十	入伍服預官役
五十	五	母親當選模範母親

五十一　七　父母返金居住
五十二　十　役畢退伍，阿蓮初中任教
五十三　三　次女琤琤出生，續在阿中服務
五十三　五　政工幹校戰地講習班二十一期受訓
五十四　八　攜眷返金任金門縣政府股長
五十四　八　赴台參加戰區黨幹班十三期受訓
五十五　五　任金門縣黨部組長，三女玫琪出生
五十六　八　出任金沙國中校長
五十六　十二　四女琬瑜出生
五十七　二　參加革命實踐研究院建設班四十二期受訓
五十七　三　出席國民黨十全大會
五十八　十一　五女珮琳出生
五十九　一　岳父逝世，享壽五十五歲

年	月	事
六十	八	辭金沙國中校長，任金門縣黨部書記
	一	辦理聯合服務
	二	輔導基層民選
六十一	十二	當選增額國民大會代表
六十二	二	就任國民大會代表，妻兒遷台
六十三		在任所服務選民
六十四		出席例行會議
六十五	六	次子志斌出生
六十六	三、六、九	憲政研討會議
六十七	三	國民大會第六次會議
	十二	國大代表選舉因中美斷交停辦
六十八	六	赴新加坡旅遊
六十九	三	父親仙逝・享壽八十二齡

	十二	二度當選國大代表
七十		例行會議及服務工作
七十一	十一	隨金門商業界赴東南亞考察
七十二	三	長女玲玲與婿鄧方結婚
	七	赴歐洲考察
七十三	三	國民大會第七次會議，外孫女鄧穎如出生
七十四	五、十	光復大陸設計研究會議
七十五	二	參加革命實踐研究院實踐班二十一期受訓
	十二	當選連任三任國大代表
七十六	五	長子志文與陳淑清小姐結婚
七十七	七	出席國民黨十三全大會
	八	膺任福建省政府委員，長孫家榮出生
	十	赴中南美洲考察訪問

七十八		國民大會憲政研討會議
七十九	三	國民大會第八次會議
八十	四	第一屆國民大會第二次臨時會議獲頒華夏獎章
八十一	三	第二屆國大代表臨時會議
	十一	獲頒華夏獎章
	十二	第二屆國大代表第二次臨時會議
八十二	一	任期屆滿卸職獲頒光華獎章
	八	次女琤琤與婿王引禹結婚
八十三	六	行政院頒給三等服務獎章
	十	外孫王承啓出生
八十四		省府準備搬回金門辦公事宜
八十五	一	元月十五日福建省政府搬回金門辦公
八十六	二	三女玫琪與婿吳俊儀結婚

年齡	月	事略
		農曆三月初二母親仙逝，享壽九十四齡
	三	外孫王承智出生
八十七	二	吳主席榮調國策顧問，主席由顏忠誠將軍接任
	五	外孫女吳函耘出生
八十八	五	行政院蕭院長頒給服務二等獎章
	十	辭省府委員職務獲准退休
八十九	五	行政院頒給三等功績獎章
九十	五	赴峇里島旅遊，外孫吳易軒出生
九十一	十	赴日本東京旅遊
九十二	五	受聘金門縣政顧問
九十三	六	赴日本名古屋旅遊
	十	撰述謝氏長房家譜
九十四	十二	返金參加沙中建校四十週年校慶

九十五	十二	赴馬來西亞參加世界金門日大會
九十六	五	當選金中母校傑出校友
九十七	六	赴上海探親
	六	岳母仙逝，享壽九十二齡
九十八	九	赴日本北海道旅遊

影像拾綴集錦存錄

【第陸章】

■民國49年大學畢業學士照

■攝於民國62年2月

■攝於民國43年9月

■民國45年7月結婚照

■民國55年攝於料羅宅前

■民國50年5月母親當選模範母親

■民國68年全家福前排左二爲大姊

■夫婦攝於民國88年8月合照

■民國58年金沙國中校長任內

■民國43年四龍三鳳合照

前左呂永美、呂水涵、作者、謝水吉，後左陳美玉、中呂金華、右陳雪浯。

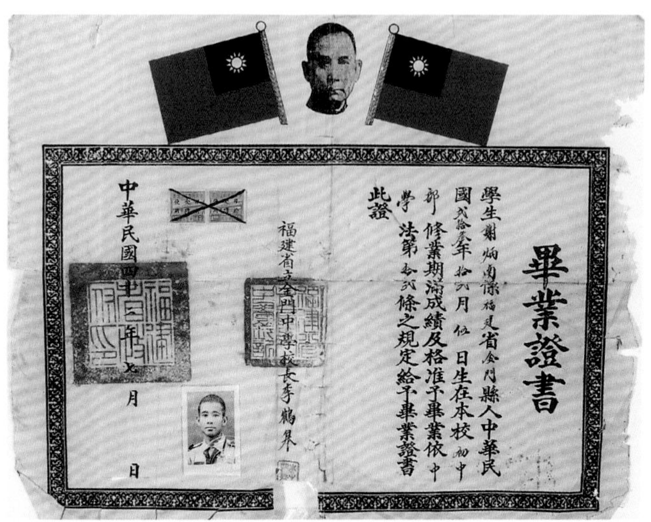

畢業證書

學生謝炳南係福建省金門縣人中華民國弍拾叁年拾弍月伍日生在本校初中部修業期滿成績及格准予畢業依中學法第拾弍條之規定給予畢業證書

此證

福建省立金門中學校長李鶴[illegible]

中華民國四十二年七月　日

■民國42年7月金中第二屆初中畢業證書

0612

畢業證書

學生謝炳南係福建省金門縣人中華民國貳叁年拾貳月伍日生在本校高中部修業期滿成績及格准予畢業依中學法第十二條之規定給予畢業證書

此證

福建省立金門中學校長易希[illegible]

中華民國四十五年七月四日

■民國45年7月金中第三屆高中畢業證書

畢業證書

學生謝炳南係福建省金門縣人
中華民國貳叁年拾貳月伍日
生在本校法學院政治學系
修業期滿成績及格准予畢業依
大學法第二十九條之規定授予
法學士學位此證

國立臺灣大學校長 錢思亮
法學院院長 施建生

中華民國肆玖年陸月 日

■民國49年6月國立台灣大學畢業證書

當選證書

(62)選總自證字第035號

茲依據動員戡亂時期自由地區增
加中央民意代表名額選舉辦法辦理
選舉結果
台端當選為國民大會福建省金門縣
選出之代表特依該辦法施行細
則第六十一條之規定發給當選證書
此致
謝炳南先生

動員戡亂時期自由地區增加中央民意代表名額選舉選舉總事務所
主任委員

中華民國六十二年二月二十二日

■民國61年國民大會代表當選證書

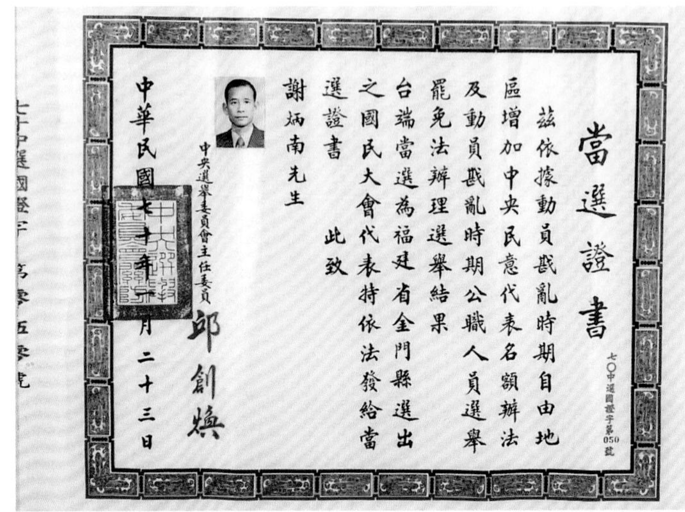

當選證書

七〇中選國證字第050號

茲依據動員戡亂時期自由地區增加中央民意代表名額辦法及動員戡亂時期公職人員選舉罷免法辦理選舉結果台端當選為福建省金門縣選出之國民大會代表特依法發給當選證書

此致

謝炳南先生

中央選舉委員會主任委員 邱創煥

中華民國七十年一月二十三日

■民國69年國民大會代表當選證書

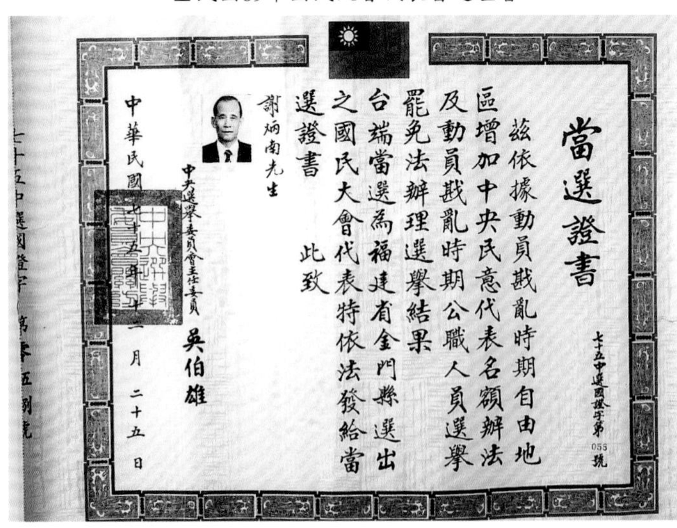

當選證書

七十五中選國證字第055號

茲依據動員戡亂時期自由地區增加中央民意代表名額辦法及動員戡亂時期公職人員選舉罷免法辦理選舉結果台端當選為福建省金門縣選出之國民大會代表特依法發給當選證書

此致

謝炳南先生

中央選舉委員會主任委員 吳伯雄

中華民國七十五年十二月二十五日

■民國75年12月國民大會代表當選證書

簡字第40214號

任命令

任命謝炳南為福建省政府委員。

總統 李登輝

行政院院長 俞國華 因公出國

副院長 施啓揚 代行

中華民國 [illegible] 十五日

監印 劉祖生

校對 丁行全

■任福建省政府委員總統任命令

(87)政字第00018號

任命令

任命謝炳南為福建省政府委員。

總統 李登輝

行政院院長 蕭萬長

中華民國八十 [illegible] 月 [illegible] 二十三日

監印徐慶良

校對楊莉珊

■續任福建省政府委員總統任命令

中國國民黨中央委員會

獎狀

謝炳南同志在國民大會第七次會議期間貫徹執行本黨決策成績優良圓滿達成任務殊堪嘉許特頒獎狀以資激勵

主席 蔣經國

中華民國七十三年六月 日

七十三組字第0120號

■民國73年中國國民黨中央委員會獎狀

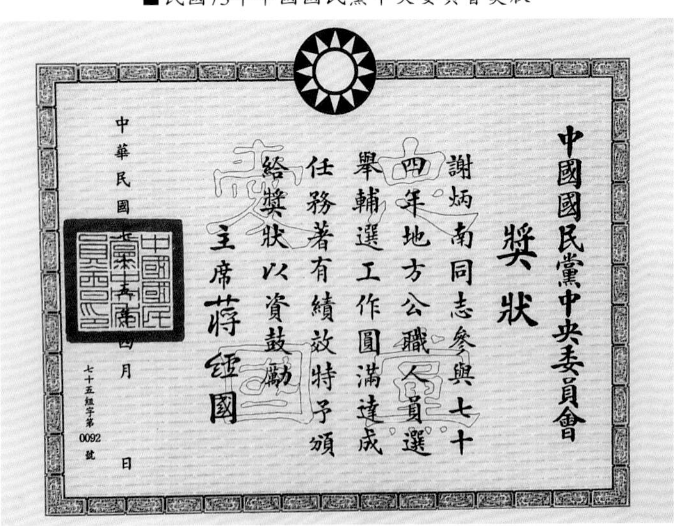

中國國民黨中央委員會

獎狀

謝炳南同志參與七十四年地方公職人員選舉輔選工作圓滿達成任務著有績效特予頒給獎狀以資鼓勵

主席 蔣經國

中華民國七十五年四月 日

七十五組字第0092號

■民國75年中國國民黨中央委員會獎狀

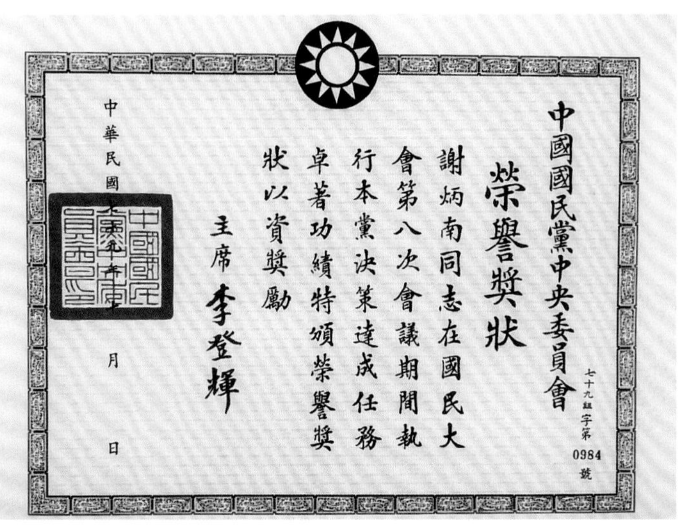

七十九組字第0984號

中國國民黨中央委員會

榮譽獎狀

謝炳南同志在國民大會第八次會議期間執行本黨決策達成任務卓著功績特頒榮譽獎狀以資獎勵

主席 李登輝

中華民國七十九年　月　日

■民國79年中國國民黨中央委員會榮譽獎狀

■國民大會行憲四十週年紀念章

■中國國民黨中央委員會頒給華夏（左）光華（中）華夏（右）獎章

■行政院頒給服務三等（左），功績（中）服務二等（右）獎章

■民國82年1月主席李登輝頒給光華獎章

■連選三任國大代表吳修量（左）喬寶泰（中）謝炳南（右）三人合影

■行政院連戰院長頒給服務獎章

■行政院蕭院長萬長頒給服務獎章

■作者攝於陽明山中山樓前

■出席第二次臨時會議

■在國民大會會議發言之（一）

■在國民大會會議發言之（二）

■在國民大會會議發言之（三）

■在國民大會會議發言之（四）

■民國80年福建省政府委員與主席合影（左二）爲作者

■民國87年福建省政府委員與顏主席合影（右四）爲作者

■民國77年8月作者就任福建省政府委員宣誓就職

■民國92年作者獲聘爲金門縣政府顧問團顧問，縣長李炷烽發給證書合影

■民國74年陪同行政院俞國華院長巡視金門第二排右第四人爲作者

■民國80年陪同行政院李煥院長巡視金門第二排左第二人爲作者

■民國82年1月與馬英九代表合影留念

■民國77年11月與駐巴拉圭大使王昇將軍合影

■民國61年12月國民大會代表競選時政見發表

■民國61年12月國民大會代表競選時與鄉親握手

■民國89年10月退休時顏主席贈大型花瓶

■顏主席贈紀念品與作者夫婦合影

■民國63年與父親和守欽義哥嫂暨妻兒女內湖住家合影

■民國66年與岳母偕妻兒女在內湖家中合影

■作者夫婦在家與長子次子合照

■作者夫婦在家與二、三、四、五女合照

■與料羅鄉親友好餐敘合影留念

■內人在家與長、三、四、五女合照

■岳母生日在家全家福合照

■民國76年長子志文與陳淑清結婚時合照

■民國77年榮任福建省政府委員台北市金門同鄉會贈匾額合照

■民國65年與姐夫、姊姊、弟弟炳仁等合照

■民國82年母親90高壽於北市內湖家中照

■夫婦倆攝於省政府辦公室

■民國61年當選國大代表與助選者鄉親合照

■「雙南」摯友呂振南在餐廳合照

■岳母、姑媽、內人以及三姊妹，和內弟夫婦二姪女合照

■長女、婿夫婦外孫女合照

■長子，媳四、五女暨長孫在家合照

■二女，婿夫婦與二外孫合照

■三女，婿夫婦與外孫女、外孫合照

■民國97年與次子志斌在金門太武山下合照

■民國96年在三峽與四、五女烤肉時合照

■長子志文與長孫家榮父子倆合照

■民國96年在上海與長女婿夫婦外孫女合影

■二女琤琤（左）、么兒志斌（中）四女琬瑜（右）合影

■吳主席金贊伉儷宴請新加坡回國僑領合影

■民國82年宴請邱自泉兄、呂振南伉儷，洪火練伉儷與作者夫婦合照

■民國72年夫婦同遊香港合影

■民國68年遊新加坡與堂哥嫂合照

■偕內人與姑母內弟三姨妹合照

■民國91年赴上海與姑母、表妹、大女兒、四女暨外孫女合照

■民國95年12月參加世界金門日與楊忠禮伉儷、顏主席忠誠伉儷等合影

■民國95年12月在馬來西亞與顧主席和黃文遠先生合影

■民國93年在貴州旅遊夫婦合影

■民國93年於湄州天后宮前，與張大嫂、洪火練夫婦、張成泰夫婦合影

■民國91年遊大陸寒山寺夫婦膜拜合影

■民國77年夫婦遊南美洲瀑布留影

■民國95年遊張家界夫婦合照

■民國81年在蘇聯莫斯科公園留影

■民國93年遊雲南麗江夫婦合影

■民國90年與四女琬瑜在北京天壇前合影

■民國87年與小女兒珮琳在澳洲合影

■民國93年在雲南麗江夫婦乘纜車合影

國家圖書館出版品預行編目資料

心路歷程：謝炳南回憶錄／謝炳南 著. -- 初版. --
臺北市：萬卷樓, 2010.05
面； 公分
ISBN 978－957－739－679－2 (平裝)
1.謝炳南 2.臺灣傳記 3.回憶錄
783.3886 99006995

心路歷程
──謝炳南回憶錄

著　　者：謝炳南
發 行 人：陳滿銘
出 版 者：萬卷樓圖書股份有限公司
臺北市羅斯福路二段 41 號 6 樓之 3
電話(02)23216565・23952992
傳真(02)23944113
劃撥帳號 15624015
出版登記證：新聞局局版臺業字第 5655 號
網　　址：http://www.wanjuan.com.tw
E－mail：wanjuan@tpts5.seed.net.tw
承印廠商：中茂分色製版印刷事業股份有限公司
定　　價：360 元
出版日期：2010 年 6 月初版

ISBN：978－957－739－679－2